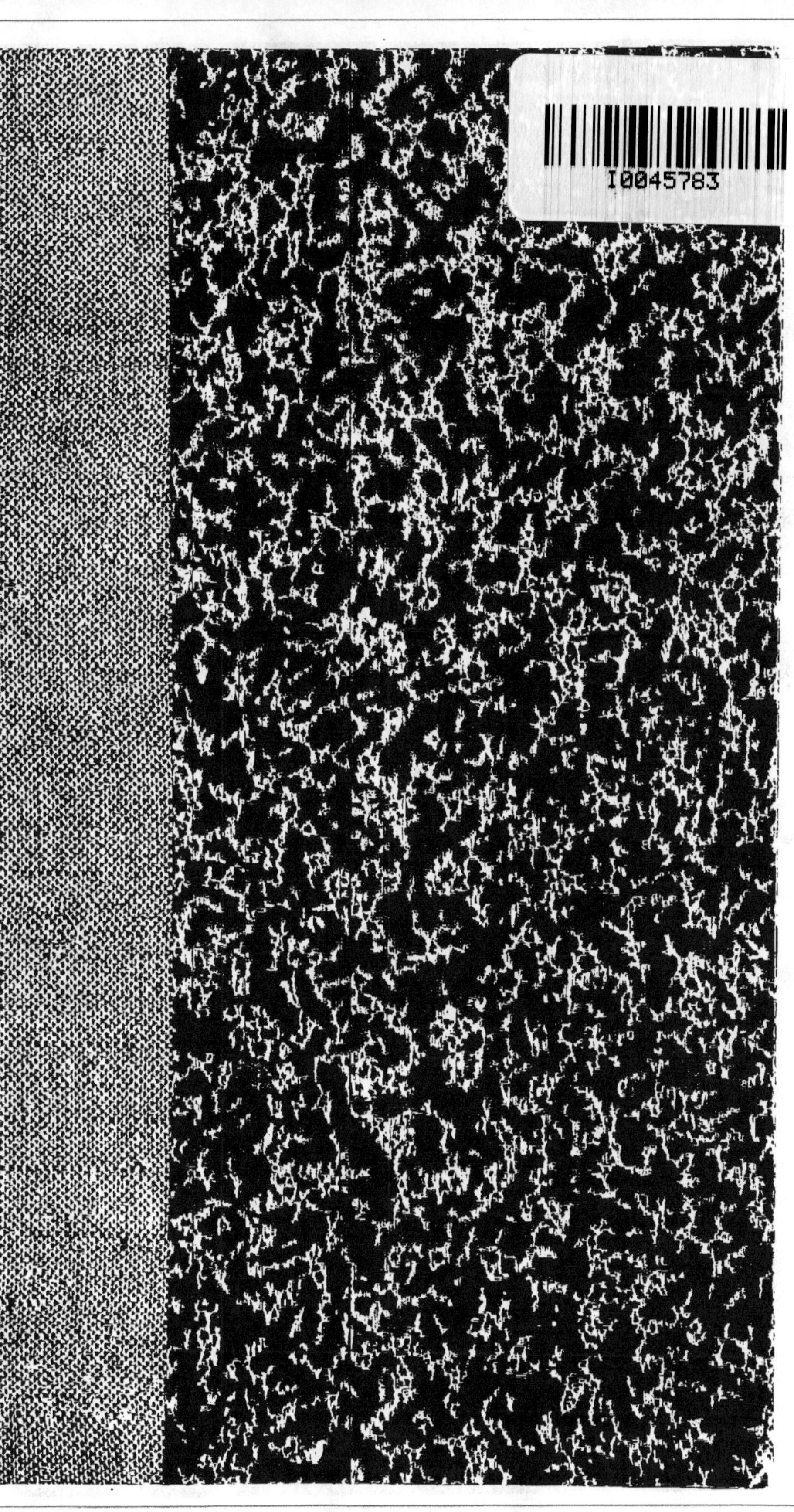
I0045783

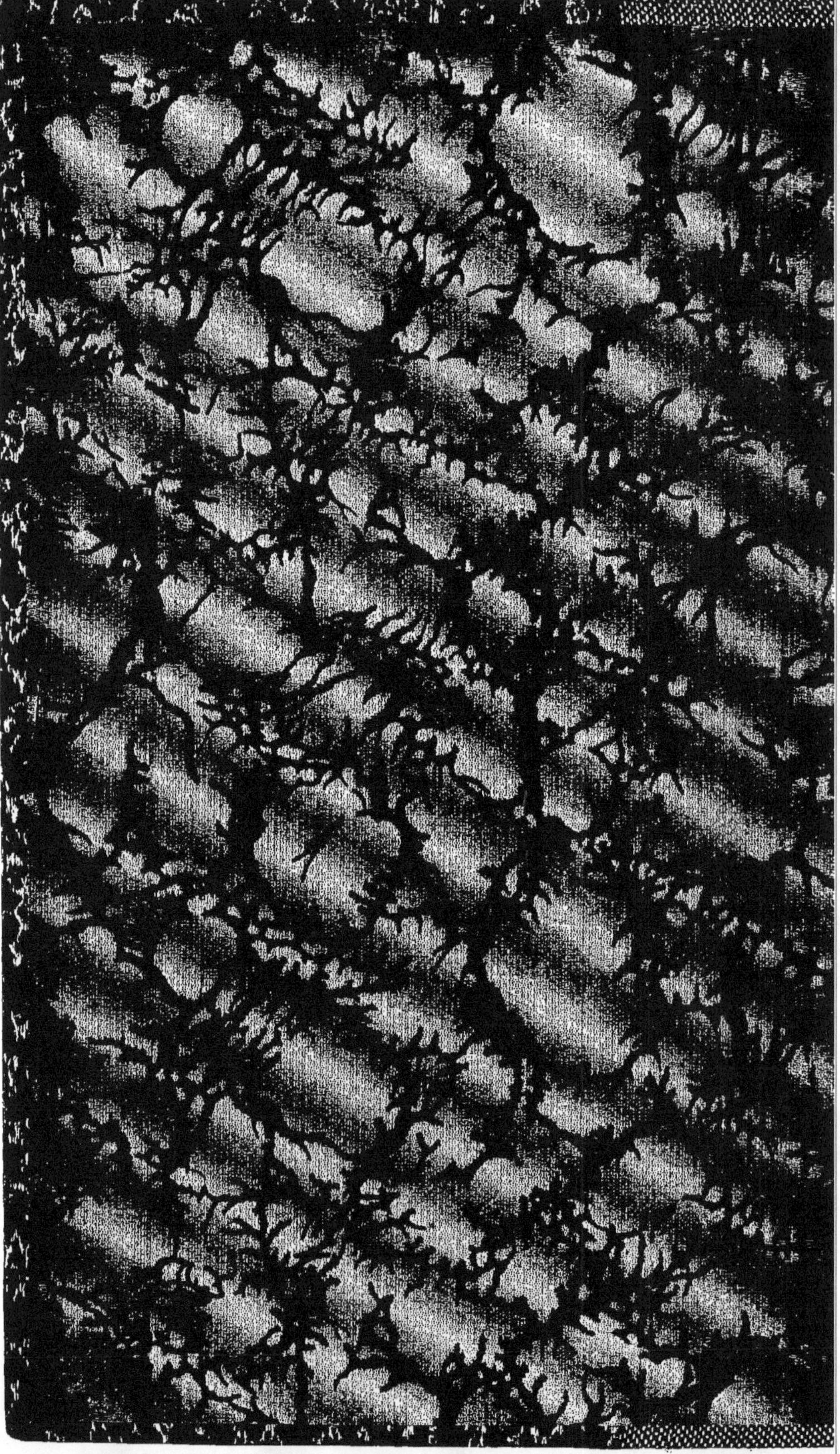

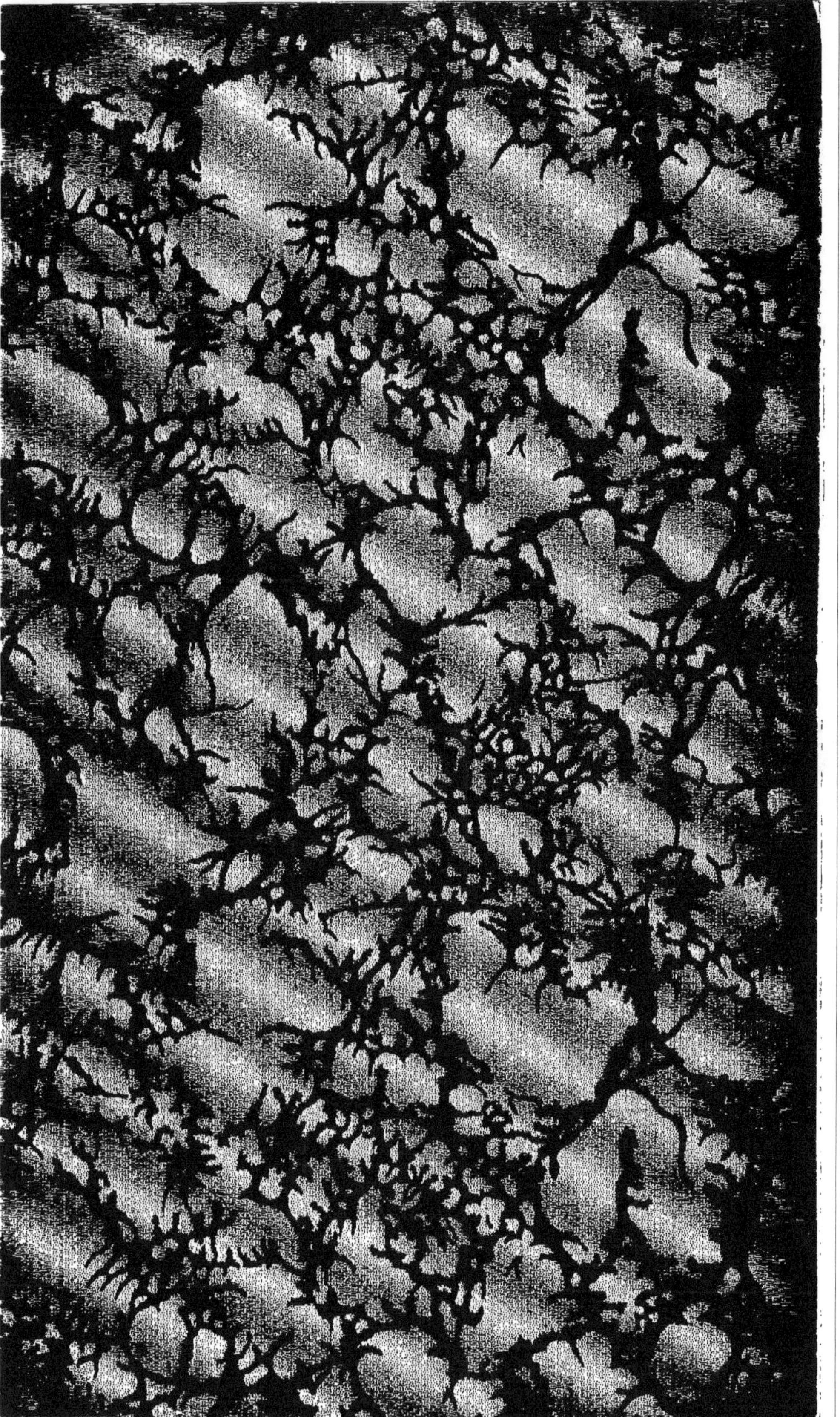

TRAITÉ

DE

DROIT MUSULMAN

LA

TOHFAT D'EBN ACEM

TEXTE ARABE AVEC TRADUCTION FRANÇAISE

COMMENTAIRE JURIDIQUE & NOTES PHILOLOGIQUES

PAR

O. HOUDAS
Professeur à l'École des Lettres
D'ALGER

F. MARTEL
Chargé de cours à l'École de Droit
D'ALGER

1ER FASCICULE

ALGER
GAVAULT SAINT-LAGER, ÉDITEUR
2, Rue Bab-Azoun, 2

1882

TRAITÉ DE DROIT MUSULMAN

LA TOHFAT D'EBN ACEM

ALGER. — IMPRIMERIE ADMINISTRATIVE GOJOSSO ET CIE

TRAITÉ
DE
DROIT MUSULMAN

LA

TOHFAT D'EBN ACEM

TEXTE ARABE AVEC TRADUCTION FRANÇAISE

COMMENTAIRE JURIDIQUE & NOTES PHILOLOGIQUES

PAR

O. HOUDAS
Professeur à l'École des Lettres
D'ALGER

F. MARTEL
Chargé de cours à l'École de Droit
D'ALGER

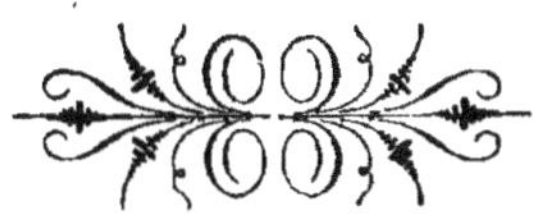

ALGER
GAVAULT SAINT-LAGER, ÉDITEUR
2, Rue Bab-Azoun, 2

1882

PRÉFACE

Les sujets d'études sont nombreux et variés en Algérie. Sans parler des sciences naturelles, la philologie, l'archéologie, l'histoire, la géographie, l'épigraphie, le droit offrent, dans notre colonie, la matière des travaux les plus intéressants et les plus utiles. Aussi, en créant à Alger, à côté de l'École de Médecine, les Écoles de Droit, des Sciences et des Lettres, les auteurs de la loi du 20 décembre 1879 ont-ils voulu, non-seulement faire distribuer à la jeunesse algérienne le haut enseignement que reçoivent les étudiants dans les Facultés de la Métropole, mais encore, et surtout, réunir un groupe de professeurs, ayant pour mission d'étudier les questions de toute nature relatives au nord de l'Afrique et de faire connaître au public les résultats de leurs travaux.

Parmi ces questions diverses, le droit musulman mérite une large place. Utile à celui qui, n'ayant en vue que le progrès de la science juridique, se consacre à l'étude des législations comparées, la connaissance du droit musulman est indispensable à quiconque est appelé, dans la pratique de chaque jour, à administrer les indigènes ou à leur rendre la justice.

Le décret du 31 décembre 1866, encore en vigueur aujourd'hui, autorise en effet les Arabes à porter devant nos tribunaux les différends qui les divisent, et si les plaideurs ne demandent pas à être jugés d'après le droit français, c'est la loi musulmane qui seule alors est applicable : elle l'est aussi devant les juridictions d'appel. Comment penser que de telles dispositions puissent être mises sérieusement en pratique, si les fonctionnaires de l'ordre judiciaire ne sont pas mis à même de s'initier promptement aux règles d'une législation qui n'est nulle part enseignée en France ? Les nombreux magistrats qui arrivent de la Métropole n'ont pas été préparés à la tâche qu'ils viennent accomplir ici. C'est seulement lorsqu'ils sont entrés en fonctions qu'ils s'appliquent à ces études spéciales, toutes nouvelles pour eux, si bien que, par une incroyable anomalie, ils ont à appliquer le droit musulman avant d'avoir appris à le connaître ! Puisqu'il en est malheureusement ainsi, puisque nous n'avons pas, à l'exemple de l'Angleterre et de la Hollande, créé d'école où puissent se former les futurs magistrats, les futurs administrateurs de nos colonies, n'y a-t-il pas nécessité à ce qu'un traité simple et précis de droit musulman permette du moins aux fonctionnaires, nouveaux venus en Algérie, d'abréger la durée de leur tardif apprentissage ? C'est dans cette intention que nous publions le présent travail.

Utile aux juges et aux interprètes de nos tribunaux, cet ouvrage, croyons-nous, ne sera pas non plus consulté sans profit par les étudiants de nos Écoles. A Alger, si l'un de nos plus savants et plus laborieux magistrats peut, en recherchant, dans les ouvrages déjà traduits, et en réunissant avec soin les fragments épars de la loi musulmane, trouver les éléments d'un cours méthodique et substantiel, les élèves sont le plus souvent dans l'impossibilité de se procurer, en dehors des notes prises à l'École, les renseignements qui pourraient les éclairer sur quelque point resté obscur, ou combler les lacunes produites par une défaillance d'attention ou de mémoire.

Ce n'est pas qu'on n'ait déjà fait paraître sur ce sujet, en Algérie, des travaux de valeur. Le traité de M. Sautayra est un excellent livre ; mais l'auteur ne s'est occupé que du statut personnel et des successions, laissant ainsi de côté toutes les autres questions de droit civil. La traduction de Sidi Khelil par le docteur Perron a bien aussi son mérite, mais, outre que cet ouvrage est devenu assez rare, il s'y rencontre de graves erreurs, signalées avec beaucoup de justesse par M. Cadoz, dans son « Examen critique » ; enfin, tout en louant l'érudition du traducteur, on ne peut passer sous silence les défauts d'un style qui n'a rien de commun avec la langue juridique. M. Seignette a rectifié, mais seulement dans quelques parties, la version du docteur Perron : il est à regretter qu'il n'ait pas cru devoir ajouter des notes explicatives, sans lesquelles certains passages ne sont guère plus aisés à comprendre dans la traduction que dans le texte lui-même.

MM. Perron et Seignette se sont tous deux, comme on voit, occupés de Sidi Khelil. Sidi Khelil est le seul jurisconsulte qui jusqu'à présent ait servi de base en Algérie aux travaux sur le droit musulman. Or, si tous les auteurs arabes s'accordent à admirer la profusion des règles qu'il a formulées, ils sont également unanimes à reconnaître chez lui un manque absolu de clarté et de méthode. Ebn Acem (1359-1426 A. C.) qui fut, comme il le dit, nommé fort tard aux fonctions de cadi à Grenade, avait si bien senti pour lui-même l'inconvénient d'avoir des textes si peu intelligibles et si peu méthodiques, qu'il composa son ouvrage de la Tohfat, afin de donner quelque clarté au langage obscur de ses prédécesseurs. Bien que composé en vers, le traité d'Ebn Acem est écrit dans une langue courante et, pour le sens propre des mots, il peut être compris sans l'aide de commentaires. Il n'en est pas de même au point de vue juridique, car souvent chez lui, comme chez tous les auteurs didactiques arabes, on ne donne guère au lecteur que des points de repère : il faut qu'il connaisse déjà le sujet traité. Quant à celui qui n'est pas au courant ou qui ne reçoit pas les leçons du maître, force lui est d'avoir recours à tous les commentaires, car presque toujours le texte est loin de fournir des explications suffisantes sur les sujets dont traite l'auteur.

Sans vouloir, ce qui serait d'ailleurs impossible, donner une traduction littérale, nous nous sommes efforcés de rendre le sens de chaque vers aussi brièvement que possible, et nous avons rejeté dans les notes toutes les explications nécessaires pour bien faire comprendre l'idée. Nous avons évité de donner à ces notes trop d'étendue. Nous aurions allongé outre mesure et sans profit notre ouvrage, si nous avions voulu entrer dans les détails de toutes les discussions, souvent oiseuses, rencontrées par nous dans les quatre commentaires que nous avions entre les mains. On se rendra compte des développements que se permettent les commentateurs arabes, si nous disons qu'il ne nous a pas fallu lire et traduire moins de six cents pages pour expliquer les deux cent vingt-neuf vers qui composent cette première partie de notre travail.

Le fascicule que nous publions aujourd'hui est entièrement consacré à la procédure et à la théorie des preuves. Dans le fascicule suivant, il sera traité des autres parties du droit civil.

Pour ne point mêler au commentaire juridique les notes philologiques, nous avons décidé de ne les publier qu'à la fin de l'ouvrage : elles paraîtront donc avec le dernier fascicule.

Alger, le 31 mars 1882.

قال الشيخ الامام العالم العلامة
المحقق القاضي ابو بكر محمد بن محمد بن
محمد بن عاصم الاندلسي الغرناطي
رحمه الله تعالى

Voici ce qu'a dit le cheikh, l'imam, le docteur dont la science fait autorité, le cadi Abou Bekr Mohammed ben Mohammed ben Mohammed BEN ÁCEM, de l'Andalousie, de Grenade (que Dieu très haut lui fasse miséricorde) :

الحمد لله الذي يقضي ولا
يقضى عليه جل شانا وعلا
ثم الصلاة بدوام الابد
على الرسول المصطفى محمد
وآله والفئة المتبعه
في كل ما قد سنّه وشرعه
وبعد فالقصد بهذا الرجز
تقرير الاحكام بقول موجز
اثرت فيه الميل للتبيين
وصنته جهدي من التضمين
وجئت في بعض من المسائل
بالخلف رعيا لاشتهار القائل

---

(1) En arabe تضمين ou تتميم (*tedmin* ou *tetmim*). L'auteur s'est efforcé de renfermer dans chaque vers tous les mots

1. Louange à Dieu qui juge et ne peut être jugé ; qu'il soit glorifié et exalté.

2. Que, durant l'éternité, sa bénédiction soit sur Mohammed, l'envoyé dont il a fait choix,

3. sur la famille du Prophète, sur ses compagnons qui ont propagé sa doctrine religieuse et ont transmis ses préceptes civils.

4. Le but de ces vers didactiques est de fixer, en termes concis, les règles des jugements.

5. J'ai fait tous mes efforts pour être clair, et j'ai, autant que possible, évité tout rejet (1).

6. Sur quelques questions, j'ai, outre l'opinion générale, indiqué une opinion contraire, par égard seulement pour le renom de l'auteur qui l'a mise en avant.

---

nécessaires pour exprimer un sens complet. On trouvera pourtant dans la suite du texte un certain nombre de rejets.

وضمنه المفيد والمقرب
والمقصد المحمود والمنتخب
نظمته تذكرة وحين تم
بما به البلوى تعم قد ألم
سميته بتحفة الحكام
في نكت العقود والاحكام
وذلك لما ان بليت بالقضا
بعد شباب مر عنى وانقضا

---

(2) Ces quatre noms servent de titres à des traités de droit malékite. Le Moufid d'Abou' loualid Hicham ben Abdallah ben el Azdi mort vers 1210 (A. C.) a pour titre complet : Moufid el Hokkam fima youaradou lahoum men nouazil el Ahkam. — Le Meksed el Mahmoud fi telkhis el oukoud a été composé par Ali ben Yahia ben Bel Kacem Aboul'hacen Essenhadji Eldjeziri, mort à l'âge de soixante ans, vers 1190 (A. C.). — Quant au Moukarreb et au Moutakhib, ils sont l'œuvre d'Abou Abdallah Mohammed ben Abi Zemnin.

(3) Ebn Acem avait soixante ans, lorsqu'il fut nommé cadi à Ouadiach (Guadix, en Espagne).

(4) Selon Abou Horeïra, le Prophète aurait dit : « Sur trois cadis, deux iront en enfer ; un seul entrera au paradis. »

7. On trouvera dans ce traité les principes contenus dans le Moufid, le Moukarreb, le Meksed el Mahmoud et le Moutakhib (2).

8 Je l'ai écrit en vers pour qu'il se fixât mieux dans la mémoire; et, quand il sera terminé, il fera disparaître, pour les magistrats, toute cause d'embarras et de souci.

9. J'ai pris pour titre : *Cadeau offert aux magistrats sur les difficultés des actes et des jugements.*

10. J'ai fait ce livre, alors que ma jeunesse était déjà depuis longtemps passée (3) et que j'avais eu le malheur (4) d'être nommé cadi.

On conçoit donc que l'auteur considère son élévation aux fonctions de cadi comme une véritable épreuve et qu'il souhaite si vivement d'être « l'unique des trois », c'est-à-dire le seul qui doive échapper aux flammes de l'enfer.

Dans les premiers temps de l'islamisme, certains savants refusaient d'accepter les fonctions de cadi, mais tous les auteurs sont unanimes à blâmer ce refus et à dire que l'on doit accepter ces fonctions, toutes les fois qu'on en est investi et qu'on n'est pas incapable de les remplir. De nombreuses anecdotes attestent toutefois la profonde impression faite sur les musulmans par la parole attribuée au Prophète. Ainsi, quand le célèbre jurisconsulte Sahnoun fut nommé cadi, en Andalousie, quelques-uns de ses amis lui dirent : « Par Dieu ! nous aurions mieux aimé vous voir dans votre linceul que de vous voir siéger comme cadi. »

وانني اسال من ربي قضا
به على اللطف منه في القضا
واكمل والتوفيق ان اكونا
من امة بالحق يعدلونا
حتى ارى من مفرد الثلاثه
وجنة الفردوس لي وراثه

* باب القضاء وما يتعلق به *

منفذ بالشرع للاحكام
له نيابة عن الامام
واستحسنت في حقه الجزاله
وشرطه التكليف والعداله

---

(5) Quoi qu'en dise l'auteur de l'ouvrage intitulé : *Initiation à la science du droit musulman*, l'imam, dont parle ici Ebn Acem, est bien le souverain, le représentant du Prophète sur la terre, celui qui a mission de faire exécuter les lois, de veiller au salut de la nation et qui peut exiger d'elle obéissance.

11. Je demande à Dieu qu'il me rende le destin favorable dans mes fonctions de magistrat, qu'il m'accorde sa bienveillance,

12. son appui et son soutien et qu'il me mette au nombre de ceux qui rendent la justice avec équité,

13. en sorte que je sois l'unique des trois (4), et qu'un des jardins du paradis soit ma part d'héritage.

CHAPITRE Ier

De la fonction de cadi

14. Le cadi est celui qui rend les jugements conformément à la loi et par délégation de l'imam (5).

15. La rectitude d'esprit est, chez le cadi, une qualité désirable : comme qualités essentielles, il faut qu'il soit pubère, en possession de toutes ses facultés, honorable (6),

---

(6) D'après les auteurs musulmans, l'honorabilité consiste à s'abstenir rigoureusement de toute faute grave, à éviter, autant que possible, les fautes plus légères et à se garder même des choses permises, lorsqu'elles sont contraires aux convenances. Dans l'honorabilité, il faut aussi comprendre la qualité de musulman ; une fonction aussi importante que celle de cadi ne pourrait être confiée à un infidèle.

وان يكون ذكرا حرا سلم
من فقد روية وسمع وكلم
ويستحب العلم فيه والورع
مع كونه الحديث والفقه جمع
وحيث لاق للقضا يقعد
وفي البلاد يستحب المسجد

* فصل في معرفة اركان القضا *

تمييز حال المدعي والمدعى
عليه جملة القضاء جمعا

---

(7) Si une personne sourde, muette ou aveugle, était pourtant nommée cadi, les jugements qu'elle aurait rendus seraient valables, mais le magistrat infirme ne devrait pas être maintenu dans ses fonctions. Il en serait de même du cadi qui, après sa nomination, serait atteint de l'une de ces infirmités.

(8) Le mot *hadits*, qui signifie nouvelle, récit, s'emploie le plus souvent pour désigner les traditions relatives aux faits et gestes de Mahomet. Ces traditions fournissent un grand nombre de décisions du Prophète sur les questions de toute sorte qui lui étaient soumises, et elles forment, avec le Coran, les deux principales sources du droit musulman.

16. du sexe masculin, de condition libre, exempt de cécité, de surdité et de mutisme (7).

17. Autant que possible, le cadi doit bien connaître la loi religieuse, joindre à la connaissance du droit celle des hadits (8), et, dans toute affaire douteuse, il doit s'abstenir de juger par inductions (9).

18. Il peut siéger, pour rendre la justice, partout où il le juge convenable; mais, s'il habite la ville, qu'il siège de préférence dans une mosquée.

CHAPITRE II

Des éléments essentiels d'une instance

19. La distinction des rôles de demandeur et de défendeur s'impose dans toute instance.

Les recueils de hadits les plus connus sont ceux d'El Bokhari et de Moslem.

(9) Cette tendance à juger par inductions serait chez un cadi un défaut grave. On estime au contraire en lui la qualité que l'auteur désigne par le mot ورع (ouera), c'est-à-dire une sorte de réserve, de défiance de soi-même, par laquelle le magistrat évitera de substituer à la loi, quand elle sera insuffisante ou obscure, son sentiment personnel. Grâce à cette qualité, il cherchera à s'éclairer auprès d'une personne plus capable et, à défaut d'un avis sûr, il s'abstiendra de prononcer un jugement. Le déni de justice est, en effet, permis au juge musulman (voir ci-dessous le vers 37).

٢٠ فالمدعى من قوله مجرد
من اصل او عرف بصدق يشهد
والمدّعى عليه من قد عضدا
مقاله عرف او اصل شهدا
وقيل من يقول قد كان ادعى
ولم يكن لمن عليه يُدّعى

---

(10) L'auteur emploie ici deux mots اصل et عرف (*asl* et *orf*) dont le sens vague ne peut être assez nettement accusé dans une traduction qui doit rester concise. Il applique le mot *asl* aux matières personnelles, et il entend par là cet état ordinaire des choses en vertu duquel, entre deux personnes prises au hasard, il n'existe habituellement aucun rapport d'obligation. Celui donc qui prétend qu'il existe une dérogation à cet état de choses, celui qui soutient, par exemple, qu'il est créancier, celui-là a contre lui la présomption résultant de l'*asl* ; il sera demandeur et il aura à faire la preuve (voir ci-dessous, vers 24). — Cette preuve de l'existence de l'obligation une fois fournie, si l'autre partie invoque à son tour une cause d'extinction, elle aura à prouver l'exactitude de son dire : c'est l'application d'une règle bien connue en droit français et que nous énonçons ainsi : *Reus in exceptione actor est.* Si par exemple, comme le suppose Et Tassouli, j'ai établi par témoins que je vous ai fait un prêt ou que j'ai remis entre vos mains une chose en dépôt et que vous prétendiez m'avoir restitué la chose prêtée ou déposée, le fardeau de la preuve vous incombe, parce que, l'existence du prêt ou du dépôt une fois certaine, l'*asl,* c'est le défaut de restitution.

20. Le demandeur est celui en faveur duquel l'état normal des faits n'élève aucune présomption (10).

21. Le défendeur, au contraire, est celui dont les dires sont appuyés sur les présomptions résultant de l'état habituel des faits (10).

22. On définit encore le demandeur celui qui dit qu'une chose est; le défendeur, celui qui dit qu'elle n'est pas.

Le mot *orf* renferme une idée analogue, mais que l'auteur applique aux matières réelles. Ainsi, nous prétendons tous deux être propriétaires d'une chose : si l'un de nous possède seul la chose litigieuse, il sera défendeur, l'autre sera demandeur, parce qu'il a contre lui l'*orf*, c'est-à-dire la présomption résultant de ce fait que la possession est ordinairement jointe à la propriété. Si les deux adversaires possèdent ou si nul des deux n'est possesseur, il faudra, pour fixer les rôles, rechercher ce qui est le plus conforme à la vraisemblance, à l'état normal des faits. Ainsi deux époux réclament-ils l'un contre l'autre un bien que tous deux possèdent, il faudra voir s'il est plus naturel, plus conforme à l'usage général que ce bien appartienne à la femme ou à l'homme. Si l'objet litigieux est un miroir, il est plus vraisemblable de supposer qu'il appartient à la femme : elle sera défenderesse, et le mari sera demandeur, parce qu'il a contre lui la présomption résultant de l'*orf*. S'il s'agissait, non plus d'un miroir, mais d'une arme, ce serait le mari qui serait défendeur, la femme demanderesse, et pour la même raison.

Outre le sexe, la condition sociale ou la profession des parties permettra de déterminer leurs rôles dans une instance qui s'engage. Ainsi un cadi et un soldat réclament une

والمدعى فيه له شرطان
تحقق الدعوى مع البيان
والمدعى مطالب بالبينه
وحالة العموم فيه بينه
والمدعى عليه باليمين
في عجز مدع عن التبيين
والحكم في المشهور حيث المدعى
عليه في الاصول والمال معا

---

lance qu'aucun d'eux ne possède : le soldat sera défendeur, le cadi demandeur. Un parfumeur et un teinturier sont en contestation, à propos de musc et de couleurs. Le parfumeur sera demandeur pour les couleurs et défendeur pour le musc : le teinturier, demandeur pour le musc et défendeur pour les couleurs. Ces exemples, que nous empruntons aux commentateurs Taoudi et Et Tassouli, suffisent à expliquer les deux termes *asl* et *orf*, et à mettre en lumière le principe, parfaitement conforme à la raison.

(11) Le demandeur doit réclamer formellement ce qui lui est dû ; ainsi il dira : « On me doit » et non pas : « Je crois, je suppose qu'il m'est dû. » Il faut de plus que sa demande soit déterminée avec précision ; par exemple, qu'il dise :

23. Deux conditions sont requises pour la demande; il faut qu'elle soit : 1° exprimée d'une manière formelle; 2° déterminée avec précision (11).

24. C'est au demandeur à faire la preuve (12) : telle est la règle générale.

25. Quand le demandeur ne peut prouver ce qu'il avance, le serment est déféré au défendeur (13).

26. En toute matière réelle, immobilière ou mobilière, le juge compétent est, suivant l'opinion générale, le juge du domicile du défendeur.

« On me doit cent, » et non pas : « On me doit une certaine somme d'argent, » sans en spécifier le montant.

(12) Le mot بيّنة *(beïnat)*, qui est dans le texte, veut dire exactement une preuve par témoins. On sait, en effet, que l'emploi de la preuve testimoniale est général en droit musulman. Nous avons cru qu'il suffirait de dire dans notre traduction : « C'est au demandeur à faire la preuve », par application du brocard connu : *Onus probandi actori incumbit.*

(13) Ce serment est déféré au défendeur par le cadi, sur la requête du demandeur et seulement si cette requête lui est adressée. Nous verrons en détail, dans la suite de l'ouvrage, les règles relatives au serment.

وحيث يلقيه بها كان في الذمه
يطلبه وحيث اصل ثمه

وقدم السابق للخصام
والمدعى للبدء بالكلام
وحيث خصم حال خصم يدعى
فاصرف ومن يسبق فذاك المدعى
وعند جهل سابق او مدع
من لج اذذاك لقرعة دعى

---

(14) En matière réelle, le défendeur n'est donc pas, comme chez nous, assigné en principe devant le juge de la situation de l'objet litigieux (art. 59 C. procéd.). Ce juge ne serait, par exception, compétent que si le défendeur résidait, même à titre provisoire, à l'endroit où se trouve la chose en litige. — En matière personnelle, on n'applique pas non plus avec rigueur, en droit musulman, notre règle : *Actor sequitur forum rei*, puisque, si le débiteur a quitté son domicile, le créancier peut l'assigner partout où il le rencontre.

(15) Par exception à cette règle, le cadi doit juger tout d'abord les affaires urgentes, comme celles dans lesquelles se trouverait en cause un voyageur de passage, ou bien s'il y a lieu de craindre qu'en cas de retard, l'objet litigieux ne disparaisse ou ne se détériore.

27. La poursuite peut encore avoir lieu à l'endroit où est la chose litigieuse, si le défendeur s'y trouve lui-même. En matière personnelle, le jugement a lieu là où le créancier rencontre son débiteur (14).

28. Les affaires sont jugées dans l'ordre où les plaideurs se présentent à l'audience (15). Le demandeur prend toujours la parole le premier (16).

29. Lorsqu'un des plaideurs voudra prendre le tour d'un autre, le magistrat les renverra, et la parole sera d'abord accordée à celui qui reviendra le premier (17).

30. Quand la discussion persiste sur l'ordre des affaires ou la qualité des parties, il y a lieu de tirer au sort (17).

---

(16) Dans le cas où le cadi ignorerait quel est le demandeur, il accorderait d'abord la parole à celui des deux adversaires qui a le premier cité l'autre en justice. Or, on conçoit fort bien qu'en droit musulman l'instance soit introduite par le défendeur. Ainsi, pour nous reporter à un exemple présenté plus haut, un homme et une femme sont en contestation au sujet de la propriété d'un miroir, et tous deux possèdent : la femme sera défenderesse, et il est possible cependant que ce soit elle qui soulève le débat et qui assigne le mari demandeur.

(17) Dans les vers 29 et 30, l'auteur prévoit une double difficulté. Il peut y avoir dispute, d'abord sur l'ordre des affaires, c'est-à-dire que de deux instances on ne sache pas laquelle doit être examinée la première, les plaideurs de

* فصل في رفع المدعى عليه وما يلحق به *

ومع مخيلة بصدق الطالب
يرفع بالارسال غير الغايب
ومن على يسير الاميال يحل
بالكتب فيه كاف مع امن السبل
ومع بعد او مخافة كتب
لامثل القوم ان افعل ما يجب
اما باصلاح او الاغرام
او ازعج المطلوب للخصام

---

part et d'autre prétendant chacun s'être présenté le premier à l'audience. La contestation peut encore, à propos d'une seule et même instance, porter sur la qualité des parties, c'est-à-dire que chacune d'elles prétend être le demandeur, ou bien avoir amené son adversaire devant le cadi, et par conséquent avoir droit la première à la parole. Dans les deux hypothèses, le cadi fera sortir de la mahakma les contestants, et le premier revenu passera ou parlera d'abord. S'ils reviennent ensemble, il n'y a plus d'autre ressource que de tirer au sort.

(18) Dans les trois vers qui précèdent, l'auteur a supposé

CHAPITRE III

De la comparution du défendeur (18)

31. S'il y a apparence que la demande est fondée, le cadi fera comparaître le défendeur, en l'envoyant chercher, s'il ne réside pas en dehors de la ville.

32. Quand le défendeur habite à quelques milles seulement, et que les chemins sont sûrs, il suffira au cadi de lui écrire.

33. Mais si la distance est grande ou que les routes soient peu sûres, le cadi écrira à un personnage notable du pays (19) de faire ce qu'il convient,

34. soit de terminer le différend, soit de faire payer le défendeur, soit encore de le contraindre à comparaître (20).

---

que les deux parties se présentent, d'accord ou non, devant le cadi. Dans les vers qui vont suivre, il se réfère à l'hypothèse où l'un des adversaire comparait seul.

(19) S'il est possible, le cadi choisira de préférence un jurisconsulte.

(20) Dans l'hypothèse prévue par les vers 33 et 34, le défendeur, tout en ayant son domicile ou sa résidence dans la circonscription du cadi, se trouve au loin, ou, si la distance n'est pas considérable, les routes sont peu sûres, de sorte que les communications sont difficiles ou dangereuses. Le

٣٥ ومن عصى الامر ولم يحضر طبع
عليه ما يهمه كي يرتجع
واجرة العون على طالب حق
ومن سواه ان الد تستحق

---

magistrat va-t-il, comme dans le cas réglé par le vers 32, ordonner par lettre au défendeur de comparaître ? Non ; le défendeur ne sera forcé de se déplacer, dit Ebn Arfa, d'après Ebn Abd el Hakem, que si un témoin a déposé en faveur du demandeur. En ce cas, le cadi, au lieu d'envoyer une lettre au défendeur lui-même directement, se servira de l'intermédiaire d'un personnage considérable de la ville où celui-ci réside, soit pour être plus certain que son ordre parviendra à la partie citée, soit pour que la personne notable qu'il choisit engage le défendeur à obéir, malgré la longueur ou le danger du voyage.

Si le demandeur, dont la prétention paraît fondée (vers 31), ne produit cependant aucun témoin, alors le cadi ne doit pas contraindre l'adversaire à comparaître en son prétoire. Il écrira encore à un personnage notable, autant que possible, à un jurisconsulte, demeurant dans la localité où est le défendeur. Il pourra le prier d'appeler la partie, pour l'interroger au sujet de la demande intentée contre elle, en lui enjoignant de faire parvenir à la mahakma les renseignements obtenus, dont le cadi se servira pour juger lui-même. Quant à l'exécution de son jugement, le cadi peut, s'il y a lieu, en déléguer le soin à celui à qui il avait donné commission rogatoire. C'est ce que l'auteur indique par ce membre de phrase : « soit de faire payer le défendeur. »

Enfin, le cadi peut exposer au jurisconsulte, dont il a fait choix, l'objet de la demande, en lui confiant la mission de

35. Si, malgré l'ordre du cadi, l'une des parties refuse de se présenter, les scellés (21) seront apposés à son domicile, comme moyen de contrainte.

36. Le salaire de l'huissier (22) est à la charge du demandeur ; en cas de résistance du défendeur, ces frais lui incombent.

---

décider l'affaire, c'est-à-dire de rendre à sa place un véritable jugement. Ce jugement, d'après Ebn Habib, est exécutoire comme le serait celui du magistrat lui-même. Mais, d'après Sahnoun, l'exécution n'en est possible qu'après approbation et confirmation par le cadi.

Il paraît logique d'appliquer à l'inverse les mêmes règles dans les cas où le défendeur, introduisant l'instance, comparaîtrait seul en justice (voir ci-dessus note 16).

(21) Si la partie qui refuse de comparaître demeure loin de la ville où siège le cadi, le soin d'apposer les scellés à son domicile peut être commis à quelque notable de la localité.

Les scellés, d'après les usages musulmans, sont apposés au moyen de cire ou de terre sigillée. Il peut aussi être fait usage de clous, si aucun dégât ne doit résulter de leur emploi.

(22) Conformément au système que nous avons adopté de proscrire, autant que possible, de notre traduction les mots arabes, nous avons rendu par huissier le mot عون *(aoun)* qu'emploie l'auteur. Il y a, en effet, une assez grande ressemblance entre les huissiers audienciers et les aouns, bien que ceux-ci n'aient pas les mêmes attributions que nos officiers ministériels pour la signification des actes et l'exécution des jugements.

٭ فصل في مسايل من القضا ٭

وليس بالجايز للقاضي اذا
لم يبد وجه الحكم ان ينفذا
والصلح يستدعي له ان اشكلا
حكم وان تعين الحق فلا
ما لم يخف بنافذ الاحكام
فتنة او شحنا اولي الارحام
وخصم ان يعجز عن القاء الحجج
لموجب لقنها ولا حرج

---

(23) Cette impuissance où le cadi est de juger peut provenir de deux causes : ou bien il ignore quelle est en droit la solution de la question qui lui est soumise, ou bien il ne peut se décider devant des preuves contraires et d'égale valeur, fournies par les parties. Dans les deux cas, il doit se renseigner auprès de personnes plus savantes ou d'un esprit plus pénétrant. Lui a-t-il été donné connaissance du texte de loi qu'il ignorait ? Il doit juger, conformément à ses prescriptions, sans qu'il y ait lieu de concilier les parties. — Dans la seconde hypothèse, si, après qu'il a consulté, son doute persiste, il invitera les adversaires à la conciliation.

CHAPITRE IV

De diverses questions relatives aux jugements des cadis

37. Il n'est pas permis au cadi de juger, si la solution de l'affaire ne lui apparaît pas avec évidence.

38. Quand il ne peut se prononcer (23), il doit inviter les parties à la conciliation (24) ; il ne le doit pas, s'il sait de quel côté est le droit,

39. à moins toutefois qu'il ne craigne que son jugement n'amène des rixes entre les parties ou des inimitiés entre parents.

40. Si pour quelque motif (25) un des plaideurs a été empêché de proposer ses moyens, le cadi, sans manquer à ses devoirs, peut lui venir en aide,

---

(24) Le préliminaire de conciliation, que prescrit notre Code de procédure pour les demandes principales introductives d'instance (art. 48), n'est pas, comme on le voit, usité dans le droit musulman. Il était, en effet, peu utile chez un peuple où la justice était expéditive et où les procès n'entraînaient pas de frais considérables.

(25) Ces motifs pourront être la timidité naturelle d'un des plaideurs, la crainte que lui inspire son adversaire ou bien encore la faiblesse d'esprit, l'imbécilité.

ومنع الافتاء للحكام
في كل ما يرجع للخصام
وفي الشهود يحكم القاضي بما
يعلم منهم باتفاق العلما
وفي سواهم مالك قد شددا
في منع حكمه بغير الشهدا
وقول سحنون به اليوم العمل
فيما عليه مجلس الحكم اشتمل
وعدل ان ادى على ما عنده
خلافه منع من ان يرده
وحقه انهاء ما في علمه
لمن سواه شاهدا بحكمه

---

(26) Tous les auteurs ne sont pas, sur ce point, aussi sévères qu'Ebn Acem. Il y en a qui pensent que le cadi, à propos d'un procès engagé devant lui, peut fort bien donner aux plaideurs des consultations juridiques. Mais tous admettent sans conteste qu'il est permis au magistrat, en dehors d'une instance, d'expliquer la loi à ceux qui veulent la con-

41. mais il devra alors s'abstenir de lui fournir des arguments de droit (26) sur tout ce qui touche au procès.

42. De l'avis de tous les jurisconsultes, le cadi décide de la moralité des témoins, d'après ce qu'il sait d'eux personnellement.

43. Malek insiste pour que, en dehors de ce cas, le cadi ne rende aucune décision sans l'autorité de témoins.

44. Mais l'opinion de Sahnoun, aujourd'hui admise dans tous les tribunaux, est qu'il peut juger sans témoignage sur ce qui s'est passé dans son prétoire.

45. Le cadi ne peut pas repousser le témoignage d'un homme honorable, même si sa déposition est contraire à ce que le cadi sait lui-même.

46. Il doit, en pareil cas, communiquer ce qu'il sait à un autre magistrat (27), et il devient alors simple témoin dans l'affaire.

---

naître, c'est-à-dire qu'il peut donner de véritables leçons de droit.

(27) Ou à un arbitre choisi par les parties. Ce sera ce magistrat ou cet arbitre qui, en pareil cas, rendra le jugement.

وعلمه بصدق غير العدل لا
يبيح ان يقبل ما تحملا
ومن جفا القاضي بالتاديب
اولى وذا لشاهد مطلوب
وفلتة من ذي مروءة عثر
في جانب الشاهد مما يغتفر
ومن الد في الخصام وانتهج
نهج الفرار بعد اتمام الحجج
ينفذ الحكم عليه الحكم
قطعا لكل ما به يختصم
وغير مستوف لها ان استتر
لم تنقطع حجته اذا ظهر

---

(28) Cette peine sera le plus souvent une peine corporelle, par exemple quelques coups de bâton. Elle variera d'ailleurs suivant le rang de l'offenseur et du témoin offensé.

(29) L'auteur suppose qu'une des parties quitte l'audience après avoir d'abord comparu ; si, dès le début, un plaideur

47. Le cadi ne doit pas accepter la déclaration d'un témoin qui n'est pas honorable, même s'il sait qu'il dit la vérité.

48. Le cadi doit frapper d'une peine légère (28) quiconque est grossier envers lui ; il punira de même celui qui injurierait un témoin.

49. Cependant, on doit pardonner à un homme bien élevé, qui s'oublie un moment à l'égard d'un témoin.

50. Si l'une des parties retarde à dessein la solution du procès et disparaît lorsque l'affaire est entendue,

51. le magistrat rend contre elle un jugement qui coupe court à toute nouvelle discussion.

52. Mais si l'exposé de l'affaire n'est point terminé lorsqu'un des plaideurs fait défaut (29), celui-ci pourra, s'il reparaît, achever de présenter ses arguments.

---

ne comparaît pas, nous avons vu (vers 35), qu'on appose les scellés à son domicile. Si cette mesure ne suffit pas pour le contraindre à venir et qu'il n'ait pas de motif légitime, comme la maladie ou l'emprisonnement, le cadi nomme au défaillant un *oukil*, c'est-à-dire un représentant, et l'affaire suit son cours.

لاكنها الحكم عليه يمضي
بعد تلوم له من يقضي

* فصل في المقال والجواب *

ومن ابى اقرارا او انكارا
لخصمه كلفه اجبارا
فان تمادى فلطالب قضى
دون اليمين او بها وذا ارتضى
والكتب يقتضي عليه المدعي
من خصمه الجواب توقيفا دعي
وما يكون بينا ان لم يجب
عليه في الحين فالاجبار يجب

---

(30) Le jugement, en pareil cas, ne sera pas définitif. Comme il est permis de supposer que le cadi n'a pas été suffisamment éclairé, le défaillant qui reparaît pourra de nouveau soulever le débat. Il y a ici une analogie sensible avec l'opposition en droit français.

53. Néanmoins, dans ce dernier cas, le magistrat rendra son jugement (30), après avoir accordé un délai.

CHAPITRE V

Des dires des parties

54. Le défendeur qui refuse de reconnaître ou de nier ce que son adversaire avance, sera contraint de répondre (31).

55. S'il persiste malgré tout dans son silence, le jugement sera rendu en faveur du demandeur, sans serment de sa part, ou avec serment, d'après l'opinion dominante.

56. La demande écrite faite par le demandeur comporte une réponse de la part de son adversaire. Elle s'appelle *taukif* (32).

57. Quand la demande est claire et simple, le défendeur, s'il ne répond pas immédiatement, sera contraint de le faire.

---

(31) Les moyens de contrainte employés seront les coups ou la prison.

(32) On lui donne encore le nom de *makâl* (مقال).

وكل ما افتقر للتامل
فالحكم نسخه وضرب الاجل

وطالب التاخير فيما سهلا
لقصد يمنعه وقيل لا

ويوجب التقييد للمقال
تشعب الدعوى وعظم المال

فانه اضبط للاحكام
ولانحصار ناشى الخصام

وحيثما الامر خفيف بين
فالترك للتقييد مما يحسن

فرب قول كان بالخطاب
اقرب للفهم من الكتاب

---

(33) Il devra dans ce délai formuler sa réponse, soit par écrit, soit verbalement.

(34) Par exemple, le défendeur veut se renseigner sur ses droits ou se choisir un oukil.

58. Pour une affaire qui exige un certain examen, copie de la demande sera délivrée au défendeur, et il lui sera fixé un délai (33).

59. Dans une affaire simple, si le défendeur sollicite une remise pour un motif valable (34), on doit la refuser selon les uns, l'accorder suivant d'autres.

60. La demande doit être consignée par écrit, quand l'affaire est compliquée ou qu'il s'agit d'une somme importante (35).

61. Cette règle a pour objet de préciser la question à résoudre et de fixer une limite aux prétentions du demandeur.

62. Quand l'affaire est de peu d'importance et claire, on aime mieux ordinairement ne rien écrire,

63. car souvent les choses exposées de vive voix sont plus aisées à comprendre que celles qui sont mises par écrit.

(35) L'auteur emploie la conjonction *et* (و); mais tous les commentateurs s'accordent à dire qu'il suffit, pour que la demande doive être formulée par écrit, ou que l'affaire soit compliquée, ou qu'elle ait une grande importance à cause des intérêts engagés dans le débat.

* فصل في الآجال *

ولاجتهاد الحاكم الآجال
موكولة حيث لها استعجال
وبثلاثة من الايام
اجل في بعض من الاحكام
كمثل احضار الشفيع للثمن
والمدعى النسيان ان طال الزمن
والمدعى ان له ما يدفع
به يمينا اسرها مستبشع
ومثبت دينا لمديان وفي
اخلاء ما كالربع ذلك اقتفي

---

(36) Un créancier poursuit son débiteur : celui-ci prétend qu'il n'a aucune ressource et qu'il ne peut payer. Le demandeur réplique que l'adversaire est lui-même créancier d'un

CHAPITRE VI

Des délais

64. Quand il y a lieu à quelque délai, c'est au cadi qu'il appartient d'en fixer la durée.

65. Un délai de trois jours est accordé dans certains cas :

66. par exemple : 1° Au retrayant qui exerce le droit de chefaa, pour payer le prix ; — 2° A la personne qui prétend avoir oublié un fait passé depuis longtemps ;

67. 3° A la partie qui affirme avoir une preuve qui l'affranchisse de l'obligation, toujours pénible, de prêter serment ;

68. 4° A celui qui veut établir que son débiteur a une créance sur un tiers (36). Ce délai est également admis ; — 5° En cas de délaissement d'un immeuble,

---

tiers : on lui accordera trois jours pour faire la preuve de son dire.

وشرطه ثبوت الاستحقاق

برسم الاعذار فيه باق

٧٠ وفي سوى اصل له ثمانيه

ونصفها لستة مواليه

ثم ثلاثة لذاك تتبع

تلوما واصله تمتع

وفي الاصول وفي الارث المعتبر

من عدد الايام خمسة عشر

ثم يلي الاربعة تستقدم

بضعفها ثم يلي التلوم

---

(37) Comme on le verra dans le chapitre suivant, il s'agit ici d'une dernière formalité qui précède le prononcé du jugement. Dans le cas de revendication d'un immeuble, le défendeur, en présence des preuves fournies par son adversaire, n'attend pas, je suppose, qu'il soit condamné et se dispose à déguerpir de l'immeuble qu'il possédait. Trois jours lui sont laissés pour vider les lieux.

(38) Le délai total sera donc de vingt et un jours. Mais il est remarquable que le cadi ne doit pas accorder d'un seul coup ce délai, dont l'objet, comme nous le voyons par les vers 75 et 76, est de permettre à l'une des parties de présenter ses preuves, de produire ses témoins. Le cadi, comme le texte l'indique, morcellera ce délai, accordant d'abord huit jours, puis, si cela ne suffit pas, six jours encore, puis

69. à condition que celui qui revendique ait établi par une preuve son droit de propriété, et qu'il ne reste plus qu'à adresser l'interpellation finale (37).

70. En matière personnelle, le délai est d'abord de huit jours, puis de six, puis de quatre,

71. plus un sursis de trois jours venant ensuite comme dernier délai (38). L'origine de ce délai final est tiré de ces mots du Coran : *Temettaou* (39), etc.

72. Quand il s'agit d'immeubles ou du droit de succéder, le nombre de jours est de quinze,

73. puis de huit, puis de quatre, et en outre le sursis final (40).

---

quatre, puis trois. A l'expiration de chacune de ces périodes, il devra convoquer les parties pour savoir d'elles si les preuves à fournir sont prêtes. Cette même observation s'appliquera au délai de trente jours, dont il est question aux vers 72 et 73 (voir toutefois le vers 79).

(39) Le mot *temettaou*, indiqué ici, se trouve dans le verset 68 de la sourate XI du Coran. S'adressant aux Thémoudites, qui avaient tué la chamelle du prophète Saleh, Dieu leur annonce qu'il les exterminera jusqu'au dernier. Cependant, avant de mettre sa menace à exécution, il leur accorde un sursis de trois jours en ces termes : « Jouissez *(temettaou)* encore de la vie dans vos demeures pendant trois jours. »

(40) Soit trois jours.

وفي اصول ارث او سواه
ثلاثة الاشهر منتهاه
ولاكن مع ادعاء بعد البينه
ومثله حائز ملك سكنه
مع حجة قوية له متى
اثبته لنفسه من اثبتا
وبيع ملك لقضاء دين
قد اجلوا فيه الى شهرين
وحل عقد شهر التاجيل
فيه وذا عندهم المقبول
وتجمع الاجال والتفصيل
في وقتنا هذا هو المعقول

---

(41) Le délai minimum serait d'un mois. Quant au débiteur qui, pour s'acquitter, veut vendre des biens meubles,

74. Le délai peut aller jusqu'à trois mois, s'il s'agit d'immeubles acquis par succession ou autrement,

75. mais seulement quand on invoque l'éloignement des témoins à produire. Ce délai est accordé à celui qui est en possession d'un immeuble qu'il habite,

76. s'il a de forts arguments à invoquer, après que le revendiquant a produit ses preuves.

77. Pour la vente d'un immeuble, destiné au payement d'une dette, on accorde un délai maximum (41) de deux mois.

78. Un mois est ordinairement, dans la pratique, accordé aux parties pour prouver qu'un contrat doit être rescindé.

79. Les délais successifs peuvent être réunis; l'usage à notre époque est de les séparer.

---

par exemple des animaux, il faut que la vente ait lieu sur le champ, sans délai.

❊ فصل في الاعذار ❊

٨٠ وقبل حكم يثبت الاعذار
بشاهدي عدل وذا المختار
وشاهد الاعذار غير معمل
في شانه الاعذار للتسلسل
ولا الذي وجهه القاضي الى
ما كان كالتحليف منه بدلا

---

(42) Cette interpellation est dite en arabe *iadàr*. C'est une question sacramentelle, qui doit être posée avant le prononcé du jugement. Quand les deux adversaires ont présenté respectivement leurs preuves et que le cadi a sa conviction faite, il doit, avant de clore les débats, demander à la partie contre laquelle il se propose de juger : « Te reste-t-il un argument? » Le cadi fait constater par deux témoins honorables qu'il a posé la question d'*iadàr*, car, si cette formalité avait été omise, le jugement pourrait être attaqué.
Nous avons quelque chose d'analogue dans notre procédure criminelle. On sait que devant la Cour d'assises, quand l'accusé a été déclaré coupable par le jury et que le ministère public a requis l'application de la loi, le président doit demander à l'accusé s'il n'a rien à ajouter pour sa défense (art. 363 Inst. crim.).

(43) La preuve ordinairement en usage dans le droit musulman, c'est la preuve testimoniale. Quand donc le cadi

CHAPITRE VII

De l'interpellation finale (42)

80. D'après l'opinion admise, l'interpellation finale doit avoir lieu avant le prononcé du jugement; elle est constatée par deux témoins honorables.

81. Pour éviter un enchaînement sans fin, on ne permet pas de poser cette question à l'égard d'un témoin qui certifie que l'interpellation a été adressée une première fois (43).

82. L'interpellation finale n'est pas non plus possible à l'égard de celui que le cadi envoie à sa place, par exemple pour recevoir une prestation de serment (44).

---

pose à l'une des parties la question d'*iadàr*, c'est comme s'il lui demandait : « As-tu quelque chose à dire contre la déposition des témoins produits par l'adversaire? » Ceci posé, il faut, pour comprendre le vers 81, admettre que la partie condamnée, pour empêcher qu'on n'exécute contre elle le jugement, soutient que la sentence est nulle, parce qu'on ne lui a pas, dit-elle, posé la question d'*iadàr*. Le magistrat, dont le jugement est ainsi attaqué, fait appeler les deux témoins honorables qui certifient que l'*iadàr* a eu lieu. Le plaideur ne peut plus exiger qu'on lui pose de nouveau l'*iadàr* à l'égard de ces témoins, c'est-à-dire qu'on lui demande s'il n'a rien à dire contre eux. Il y aurait sans cela, comme l'indique l'auteur, un enchaînement de questions sans fin, car, de nouveau condamnée, la partie pourrait soulever, à propos de ce second jugement, la même difficulté.

(44) Il faut ajouter : « Ou pour faire une expertise, ou pour constater le fait de la possession ». Ces témoins, choisis par

ولا الذى بين يديه قد شهد
ولا اللفيف فى القسامة اعتمد

ولا الكثير فيهم العدول
والخلف فى جميعها منقول

* فصل فى خطاب القضاة
وما يتعلق به *

٨٥ ثم الخطاب للرسوم ان طلب
حتم على القاضى والا لم يجب

---

le cadi, sont en quelque sorte ses délégués. Admettre à leur égard l'*iadàr*, ce serait presque l'admettre contre le magistrat lui-même.

(45) Le cadi est alors lui-même témoin du fait : il est ainsi associé au témoignage produit devant lui. De là l'impossibilité de la question d'*iadâr*.

(46). Comme nous le verrons plus tard en traitant de la composition, le prix du sang ne peut être exigé du meurtrier que quand cinquante serments ont été prêtés sur le fait du meurtre. Mais ces cinquante serments doivent être précédés de la déclaration de douze témoins certifiant que le crime a eu lieu. C'est cette déclaration, en arabe لفيف, que nous traduisons, comme on le fait ordinairement dans les actes,

83. Il n'y a pas lieu à l'interpellation finale à l'égard de celui qui dépose devant le cadi sur un fait qui s'est passé à l'audience (45), ni au sujet du témoignage de notoriété qui, en matière de composition, précède les cinquante serments (46).

84. L'interpellation finale ne sera pas non plus adressée à l'égard de témoins nombreux, quand parmi eux il s'en trouve d'honorables. L'opinion contraire dans tous ces cas a été soutenue.

CHAPITRE VIII

Des actes de constat (47) délivrés par les cadis, et de ce qui s'y rapporte

85. Le cadi doit, par écrit, donner acte de ce qui s'est passé devant lui, si l'on le lui demande; sinon, il n'y est pas obligé.

---

par les mots : « témoignage de notoriété ». Ces douze témoins, dont l'honorabilité n'est pas même nécessaire, ne peuvent pas être l'objet de la question d'*iadàr*.

(47) Ces actes de constat portent en arabe le nom de *khitàb* : ils sont en usage dans deux cas bien distincts :

1er cas. — Une personne veut prouver par témoins un droit qu'elle prétend lui appartenir et qu'elle se propose d'exercer contre un individu domicilié dans la circonscription d'un autre cadi. Elle se présentera devant le cadi de son propre domicile. Ce magistrat entendra les témoins, s'assurera de leur honorabilité, puis par un acte écrit, par un *khitàb*, il fera connaître à qui de droit ce qui s'est passé devant lui. L'affaire suivra son cours devant le cadi à qui le *khitàb* est adressé, c'est-à-dire le cadi du domicile du défendeur : c'est

والعمل اليوم على قبول ما
خاطبه قاض بمثل اعلما
وليس يغني كتب قاض كاكتفى
عن الخطاب والمزيد قد كفى
وانما الخطاب مثل اعلما
اذ معلما به اقتضى ومعلما
وان يمت مخاطب او عزلا
رد خطابه سوى ما سجلا

---

lui en effet qui, d'après le principe indiqué ci-dessus (vers 26), est compétent. Si l'honorabilité des témoins n'avait pas été établie en présence du premier magistrat, le cadi du domicile du défendeur devrait s'en assurer : il poserait ensuite la question d'*iadâr* et prononcerait son jugement.

2e *cas.* — Nous avons vu (vers 27) qu'en matière personnelle le jugement peut avoir lieu là où le créancier rencontre son débiteur. Supposons que cette rencontre ait lieu hors de la circonscription du cadi du domicile du débiteur. Le jugement rendu par le magistrat du lieu où les parties se sont rencontrées ne pourra, le plus souvent, être exécuté que dans l'endroit où le débiteur a des biens, c'est-à-dire là où il est domicilié. Il est donc nécessaire que le cadi qui a connu de l'affaire apprenne à son collègue qu'il a prononcé un jugement et que ce jugement doit être exécuté. Ce sera l'objet d'un autre *khitâb*.

86. Il est d'usage aujourd'hui que l'acte de constat doit être accepté, pourvu qu'il commence par ces mots : *aalama* (48), etc...

87. Il ne suffirait pas que le cadi, dans l'acte de constat, écrivît par exemple : *ektafa*. Cette expression est employée dans d'autres circonstances (49).

88. Le mot *aalama* est seul consacré. Seule, en effet, cette formule comporte l'idée d'une personne qui fait savoir une chose à une autre.

89. Si le cadi, qui a délivré l'acte de constat, meurt ou est révoqué, cet acte n'a plus de valeur, à moins qu'il n'ait été transcrit sur les registres (50).

(48-49). Le mot *aalama* signifie : *il a informé*. L'auteur insiste pour que cette expression soit employée dans la formule de l'acte de constat, formule qui, selon Taoudi, peut être conçue en ces termes : « Louange à Dieu. Ils ont déposé tous deux (les témoins) et leurs témoignages ont été acceptés. Un tel (cadi) en informe. » Ou bien encore : « Un tel (cadi) informe de la validité du présent » — Quant au mot *ektafa*, qui veut dire : *il suffit*, on ne doit l'écrire qu'à la suite d'un contrat : jamais il ne doit figurer dans la formule de l'acte de constat ; car, selon El Okbâni, cette expression indique uniquement que les témoignages mentionnés dans le contrat ont été jugés strictement suffisants par le cadi.

(50) Cet enregistrement est fait par le cadi qui écrit l'acte de constat. L'accomplissement de cette formalité est au besoin certifié par deux témoins.

واعتمد القبول بعض من قضا
ومعلم بخلعه والى القضا

والحكم العدل على قضائه
خطابه لابد من امضائه

وفي الاداء عند قاض حل في
غير محل حكمه الخلف اقتفي

ومنعه فيه الخطاب المرتضى
وسوغ التعريف بعض من مضى

ويثبت القاضي على المحو وما
اشبهه الرسم على ما سلما

---

(51) S'il est mort ou destitué. Conformément aux habitudes laconiques du style arabe, l'auteur sous-entend ici cette phrase. Il suffit que l'idée de mort ou de destitution soit exprimée dans le vers précédent.

(52) L'honorabilité étant chez tout cadi une qualité essentielle (voir ci-dessus vers 15), celui qui en serait dépourvu serait sans pouvoir, et l'acte délivré par lui n'aurait pas de valeur.

90. Certains auteurs l'acceptent sans cette réserve. Quant au cadi à qui l'acte de constat est adressé (51), son successeur poursuit l'examen de l'affaire.

91. Si le certificat émane d'un magistrat honorable (52) et qui est resté en fonctions, il faut nécessairement en tenir compte.

92. On n'admet pas qu'un cadi puisse recevoir un témoignage, s'il est hors de sa circonscription.

93. Dans ces conditions, le droit de délivrer un acte de constat, que tolèrent certains auteurs, est interdit en principe ; mais, selon quelques jurisconsultes anciens, des éclaircissements peuvent être donnés de vive voix (53).

94. Si, dans un acte, il y a des parties effacées ou quelque autre particularité de ce genre (54), le cadi le constatera sur la partie intacte.

---

(53) Il faut supposer qu'un plaideur a, devant un cadi et dans la ville où siège ce magistrat, établi un droit contre une personne, qui se trouve dans une autre ville où ce cadi va se rendre. Dans cet endroit où il se trouve accidentellement, le cadi qui a examiné l'affaire peut, de vive voix, informer son collègue de ce qui a été prouvé devant lui.

(54) Par exemple une partie de l'acte a été rongée par les rats ou détériorée par l'effet du temps ; ou bien encore, il y a des surcharges, des ratures. De deux choses l'une : ou cette

٥٩ وعند ما ينفذ حكما وطلب
تسجيله فانه امر يجب
وما على القاضى جناح لا ولا
من حرج ان ابتداء فعلا
وساغ مع سؤاله تسجيل ما
لم يوقع النزاع فيه كلما
وسائل التعجيز ممن قد قضى
يمضى له في كل شى بالقضا

altération porte sur une partie essentielle de l'acte, là où étaient indiqués la date, les délais ou la somme due; en ce cas, le cadi interrogera, s'il est possible, les témoins devant qui l'acte a été rédigé; si ces témoins se rappellent ce qui a été écrit, le cadi, d'après leurs dépositions, rétablira l'acte dans sa teneur primitive; si la mémoire des témoins n'est pas fidèle, à plus forte raison si l'on ne peut les interroger, la partie altérée sera tenue pour nulle, ce qui peut entraîner la nullité de l'acte entier. Dans le cas contraire, c'est-à-dire quand l'altération ne porte sur rien d'essentiel, il n'y a pas lieu de recourir à des témoignages ni de compléter l'acte. Le cadi se bornera à certifier que l'acte était en mauvais état, en indiquant où commençait et où finissait l'altération. La formule usitée à cet effet est la suivante : « Le cadi un tel informe de la validité de l'acte ci-dessus, moins la partie effacée ou raturée commençant à.... »

95. Quand un jugement est rendu et que l'une des parties demande qu'il soit consigné par écrit, le cadi doit satisfaire à sa demande (55).

96. Mais il n'y a ni inconvénient ni faute à ce que le cadi consigne par écrit le jugement, avant que cela lui soit demandé.

97. Il est permis au cadi, si l'on le lui demande, de confirmer par écrit toute déclaration faite devant lui, même si elle n'a donné lieu à aucune contestation.

98. La partie gagnante peut prier le cadi de déclarer, en prononçant son jugement, que l'adversaire ne pourra plus présenter aucun argument à l'avenir, ni revenir sur ce qui a été jugé (56),

---

(55) Il s'agit ici de la partie qui, après avoir soutenu son procès, veut avoir par devers soi un titre écrit pour éviter de nouvelles contestations. L'écrit délivré par le cadi doit être certifié par deux témoins.

(56) L'hypothèse prévue dans le texte est la suivante : un des plaideurs a obtenu du juge un délai pour présenter ses preuves, pour produire ses témoins. Ce délai s'écoule sans qu'aucune preuve valable ait été fournie. Le cadi déclare cette partie déchue du droit de réclamer à l'avenir contre le jugement qu'il va rendre et qui est définitif. Cette déclaration de déchéance, connue sous le nom de *taadjiz*, est fort importante : si elle n'avait pas été prononcée, de nouvelles preuves pourraient être fournies, même après le jugement rendu, et ce jugement tomberait.

الا ادعاء حبس او طلاق
او نسب او دم او عتاق
١٠٠ ثم على ذا القول ليس يلتفت
لما يقال بعد تعجيز ثبت

---

(57) Dans les cinq cas indiqués au vers 99, la déclaration de *taadjiz* n'empêche pas de produire plus tard des preuves, même après le prononcé du jugement par le cadi. Ces cinq cas sont les suivants :

1° Habous : Une personne prétend avoir constitué en habous un bien en faveur des pauvres. Elle ne peut le prouver par témoins. C'est seulement après avoir été déclarée déchue et avoir été condamnée qu'elle trouve les témoins qu'elle cherchait : il sera temps encore de les produire ;

2° Répudiation : Une femme dit que son mari l'a répudiée et, pour cette raison, elle refuse de cohabiter avec lui. Faute de prouver son dire dans un délai fixé, elle est, après une déclaration de déchéance, condamnée à rester avec son mari. Si elle parvient à se procurer par la suite la preuve qu'elle n'a pas fournie assez tôt, cette preuve est recevable ;

3° Filiation : Je prétends être fils d'un tel, mais je ne puis établir cette filiation par des témoignages certains. Déclaration de *taadjiz* est prononcée par le cadi, qui me déboute de ma demande. Si ultérieurement j'ai à ma disposition les

99. excepté en matière de habous, de répudiation, de filiation, de meurtre et d'affranchissement (57).

100. Dans ce système (58), on ne tient, en dehors de ces cas, aucun compte des réclamations produites après la déclaration du cadi.

---

preuves qui me faisaient défaut, je puis de nouveau faire juger l'affaire ;

4° Meurtre : Une personne est poursuivie pour meurtre : afin d'échapper à la peine qui la menace, elle affirme, mais sans preuves, que le *ouali* lui a pardonné. Le cadi la condamne à mort. Tant que la condamnation n'est pas exécutée, la preuve du pardon accordé peut être utilement produite ;

5° Affranchissement : Un esclave réclame la liberté : il a été, dit-il, affranchi par son maitre. Faute de preuves suffisantes, le cadi prononce contre lui la déclaration de déchéance et décide qu'il restera esclave. Ce jugement n'est pas définitif : l'homme qui est demeuré en esclavage, est admis à soulever de nouveau la question de liberté, s'il peut établir plus tard que l'affranchissement a eu lieu.

(58) « Dans ce système. » L'opinion d'Ebn Acem n'est pas en effet universellement admise. Certains interprètes pensent qu'en aucune matière la déclaration de déchéance n'exclut l'admission de preuves ultérieures. On ne voit pas trop quel serait alors l'objet de cette déclaration. D'autres distinguent entre le demandeur et le défendeur.

* باب الشهود والشهادة وما يتعلق بذلك *

وشاهد صفته المرعيه
عدالة تيقظ حريه
والعدل من يجتنب الكبايرا
ويتقي في الغالب الصغايرا
وما ابيح وهو في العيان
يقدح في مروءة الانسان
فالعدل ذو التبريز ليس يقدح
فيه سوى عداوة تستوضح
وغير ذي التبريز قد يجرح
بغيرها من كل ما يستقبح
ومن عليه وسم خير قد ظهر
زكي الا في ضرورة السفر

---

(59) V. ci-dessus vers 15 et note 6.

CHAPITRE IX

Des témoins et du témoignage

101. Pour être agréé, un témoin doit réunir les qualités suivantes : il faut qu'il soit honorable (59), clairvoyant et de condition libre.

102. Le témoin honorable est celui qui s'abstient des fautes graves, évite le plus souvent les fautes légères,

103. même certaines choses licites, et qui en public garde une tenue décente.

104. Le témoin irréprochable ne peut être récusé que pour une inimitié évidente (60).

105. Celui qui n'est pas dans de telles conditions peut être récusé pour ce motif et pour toute autre cause répréhensible.

106. Celui qui a les dehors de l'honorabilité doit être habilité par deux témoins, à moins qu'il ne soit en voyage.

---

(60) Ajoutons : ou pour parenté avec l'une des parties. Il y a dans les deux cas soupçon de partialité.

ومن بعكس حاله فلاغنا

عن ان يزكى والذى قد اعلنا

بحالة الجرح فليس يقبل

له شهادة ولا يعدل

ومن يكن مجهول حال زكيا

وشبهة توجب فيها ادعيا

---

(61) Il importe de bien distinguer ici les différentes catégories de témoins dont parle l'auteur. Dans les vers 104 et 105, il est question d'individus que connaît personnellement le cadi, seul juge, comme on sait, de la moralité d'un témoin. Ils seront admis à témoigner sans formalité préalable, à moins qu'il n'y ait une cause de récusation, et ces causes seront très peu nombreuses pour le témoin irréprochable, d'une honorabilité notoire et à toute épreuve. Dans les vers qui suivent (106 à 108), l'auteur s'occupe d'individus que le magistrat ne connaît pas : leur témoignage, en principe, n'est pas acceptable, à moins que deux personnes ne viennent, par une attestation d'honorabilité, les rendre habiles à déposer. Cette formalité est, en pareil cas, toujours nécessaire, excepté seulement si celui qui comparaît en qualité de témoin est un voyageur de passage, étranger à la localité et incapable par conséquent de trouver deux personnes certifiant qu'il est honorable. Pourvu alors que son extérieur prévienne en sa faveur, le cadi, jugeant sur l'apparence, l'admettra à témoigner. Toutefois, une restriction importante doit être ici notée. Ce témoignage n'est admissible qu'à propos de faits concernant exclusivement des personnes étrangères à la localité, par exemple des compagnons de voyage de la personne qui dépose. Sans cette précaution, il

107. Cette formalité est toujours nécessaire pour celui qui n'a pas l'air d'un homme honorable. Quant à la personne dont la mauvaise renommée est notoire,

108. on ne doit jamais admettre son témoignage ni accepter en sa faveur aucune attestation d'honorabilité (61).

109. Si la physionomie d'un témoin ne fournit aucun indice (62), il doit être habilité ; toutefois, avant cette formalité, sa déposition peut avoir déjà la valeur d'un commencement de preuve (63).

---

serait facile, en faisant comparaître des individus de passage, d'éluder la règle qui veut que tout témoin soit habilité, quand le cadi ne sait pas s'il est ou non un honnête homme.

Nulle difficulté à propos de la personne dont il est question au vers 108. C'est un malhonnête homme, connu pour tel. Toute attestation en sa faveur serait démentie par les faits.

(62) Sur le point de savoir s'il a ou non l'air d'un homme honorable.

(63) Avant qu'on ne trouve les deux personnes qui habiliteront le témoin, un certain temps peut être nécessaire. En cas d'urgence, la déposition sera provisoirement reçue, mais seulement à titre de commencement de preuve. Nous verrons en effet, dans les vers qui vont suivre, que certains témoignages ne font pas preuve complète. — Ce que dit ici l'auteur s'applique *à fortiori* à la personne dont il est question au vers 106, à celle qui a les dehors de l'honorabilité. Quant à l'individu qui n'a pas l'air honorable, sa déposition ne peut jamais être admise, même comme commencement de preuve, tant qu'il n'est pas habilité.

ومطلقا معروف عين عدلا
والعكس حاضرا وان غاب فلا

وشاهد تعديله باثنين
كذاك تجريح مبرزين

والفحص من تلقاء قاض قنعا
فيه بواحد في الامرين معا

ومن يزكى فليقل عدل رضى
وبعضهم يجيز ان يبعضا

وثابت الجرح مقدم على
ثابت التعديل اذا ما اعتدلا

---

(64) Cette décision est logique, puisqu'il s'agit toujours ici de témoins dont le cadi ne connaît pas la valeur morale, et que ce magistrat doit les juger sur la mine.

(65) Il y a dans ces deux vers une distinction importante entre l'attestation d'honorabilité, donnée et reçue en public dans le prétoire, et l'enquête que le cadi peut faire lui-même en secret sur la moralité des personnes appelées à déposer devant lui. Dans le premier cas, il faut une double attestation émanant d'hommes irréprochables. Dans la seconde hypothèse, la déclaration d'une seule personne honorable suffit.

110. Le témoin, que le cadi ne connaît que de vue, peut être habilité, qu'il soit présent ou non. Quant à celui que le cadi ne connaît pas, il ne peut être habilité que s'il comparaît (64).

111. Un témoin ne peut être admis ou écarté que sur la déclaration de deux personnes irréprochables.

112. Une seule attestation suffit au cadi, s'il veut s'assurer lui-même de la valeur d'un témoin, avant de l'écarter ou de l'admettre (65).

113. Les paroles sacramentelles pour habiliter un témoin sont : *adel rida* (66). Quelques auteurs pensent qu'on peut se servir d'un seul de ces deux mots.

114. Les déclarations produites pour faire écarter un témoin l'emportent, à valeur égale, sur celles qui ont pour objet son admission (67).

---

(66). *Adel* signifie exactement équité. *Rida* veut dire agrément. Le sens de la formule est celui-ci : « Le témoin est un homme équitable dont la déposition sera agréable à Dieu. »

(67) Par exemple deux personnes déclarent que le témoin est honorable; deux autres personnes, également dignes de foi, certifient le contraire. Ces déclarations s'annulent réciproquement et le témoin n'est pas habilité. Les commentateurs expliquent encore cette décision en faisant observer que ceux qui se prononcent contre la moralité du témoin savent sans doute sur son compte des choses secrètes, ignorées des autres.

١١٥ وطالب التجديد التعديل مع

مضى مدة فالاولى يتبع

ولاخيه يشهد المبرز

الا بما التهمة فيه تبرز

والاب لابنه وعكسه منع

وفي ابن زوجة وعكس ذا اتبع

ووالدى زوجة او زوجة اب

وحيثما التهمة حالها غلب

كحالة العدو والظنين

والخصم والوصى والمدين

---

(68) S'il ne s'est écoulé que peu de temps depuis qu'un témoin a été déclaré honorable, il pourra déposer dans une autre instance sans être habilité de nouveau. Les auteurs musulmans s'accordent à reconnaitre que l'attestation d'honorabilité conserve son effet pendant quelques mois, une année au plus.

(69) La réciproque doit aussi être admise dans ces deux cas. Il n'y a point d'ailleurs ici d'énumération limitative. Il faut décider d'une façon générale que les personnes unies par une proche parenté ne peuvent témoigner les unes en

115. Un témoin ayant été déclaré honorable, si plus tard on demande qu'il soit de nouveau habilité, il faut, selon l'opinion la plus suivie, faire droit à cette demande (68).

116. Le témoin irréprochable peut seul témoigner en faveur de son frère, pourvu qu'il n'existe aucune cause de suspicion manifeste.

117. On n'admet pas le père à témoigner en faveur de son fils, ni le fils en faveur de son père, non plus que le beau-fils en faveur de son beau-père ou réciproquement.

118. Le beau-père et la belle-mère ne peuvent témoigner en faveur de leur gendre, non plus qu'une femme en faveur du fils de son mari (69). On repousse également tout témoignage qui peut paraître suspect,

119. comme celui d'un ennemi (70), d'une personne intéressée, d'un adversaire dans une autre instance (71), d'un tuteur testamentaire (72) et d'un débiteur (73).

---

faveur des autres : on comprend que de tels témoignages semblent suspects (v. ci-dessus, note 60; — comp. art. 283, C. Pr. et art. 156 et 322, I. cr.).

(70) On ne regarde pas comme une cause d'inimitié la différence de religion : ainsi un musulman peut témoigner dans une affaire concernant un infidèle. Le contraire ne serait pas vrai, puisque l'infidèle n'est pas un homme honorable (voir vers 107, ainsi que les notes 6 et 59).

(71) L'auteur suppose qu'un individu qui vient pour témoi-

١٢٠ وساغ ان يشهد الابن في محل
مع ابيه وبه جرى العمل
وزمن الاداء لا التحمل
صح اعتباره لمقتضى جل

* فصل *

ويشهد الشاهد بالاقرار
من غير اشهاد على المختار

---

gner a un procès avec l'une des parties en cause. Il ne sera pas admis, car on doit craindre qu'il ne soit pas impartial.

(72) Le témoignage du tuteur en faveur de son pupille est suspect, tant que dure la tutelle. — Le texte porte le mot *ouaci*, qui s'entend exactement du tuteur nommé aux enfants par le testament du père défunt. La même décision devrait par analogie être étendue au cas où, le père étant mort intestat, le tuteur a été choisi par le cadi.

(73) Par crainte de collusion, on n'admettra pas un débiteur à témoigner en faveur de son créancier. Le créancier ne pourra pas davantage porter témoignage en faveur de son débiteur, parce qu'il rentre dans la catégorie des personnes intéressées.

(74) Selon Sidi Khalil, ces deux témoignages n'en vaudraient qu'un seul. Ebn Acem pense, au contraire, que les dépositions du père et du fils doivent être comptées pour deux témoignages.

120. Il est permis à un fils de témoigner en même temps que son père dans une même instance (74); l'usage en a ainsi décidé.

121. Il faut tenir compte du moment où le témoignage est produit, et non du temps où il est conçu (75): tout le monde sur ce point est d'accord.

CHAPITRE X

Du témoignage *(Suite)*

122. Suivant l'opinion admise, celui qui a entendu un aveu, sans avoir été pris à témoin, peut attester le fait en justice (76),

---

(75) Il est positivement question dans le texte de la *conception* du témoignage, en prenant ce mot conception dans son sens propre d'action de concevoir, de donner la vie. Le témoignage est conçu, lorsque la personne acquiert la connaissance du fait sur lequel elle déposera plus tard. Or, c'est seulement au jour où il dépose que le témoin doit être capable. Par exemple, un individu était infidèle, esclave ou impubère quand un fait s'est passé sous ses yeux : il est devenu musulman ou il a acquis la liberté ou bien il a atteint l'âge de puberté, lorsqu'il témoigne : son témoignage est recevable.

(76) L'auteur parle d'aveu : telle serait la reconnaissance qu'une personne aurait faite d'une obligation pécuniaire. Il en faut dire autant de toute déclaration quelconque. Ainsi, Malek cite l'exemple suivant : une personne, sans avoir été prise à témoin, a par hasard entendu un mari et sa femme prononcer la formule solennelle du divorce : elle pourra attester en justice que ces deux époux ont cessé d'être unis.

بشرط ان يستوعب الكلاما
من الهفر البدء والتماما
وما به قد وقعت شهاده
وطولب العود فلا اعاده
١٢٥ وشاهد برز خطه عرف
نسي ما ضمنه فيها سلف
لابد من ادائه بذلك
الا ما استرابة هنالك

---

(77) Il importe évidemment que celui qui vient témoigner de ce qu'il a ainsi entendu, n'ait pas surpris un lambeau de conversation. S'il avait seulement saisi quelques paroles au passage, son témoignage n'aurait pas de valeur, car le sens apparent de ces paroles aurait pu être profondément modifié par le reste de l'entretien.

(78) Dans le vers 124 et dans les vers qui suivent, il est plus particulièrement question du témoignage écrit. Une personne invoque un droit, par exemple un droit de créance : elle avait pour preuve, dit-elle, un acte signé par deux témoins, mais elle prétend avoir perdu cet acte et elle demande qu'il soit rétabli. Cela ne peut pas avoir lieu, parce qu'il est à craindre que cette personne ne dise pas la vérité : elle se procurerait ainsi un double titre et elle pourrait exiger deux fois le paiement de sa créance. La même décision

123. à condition toutefois qu'il ait entendu depuis le commencement jusqu'à la fin les paroles prononcées (77).

124. Quand un témoignage a été donné, celui qui l'a obtenu ne peut pas, sur sa demande, le faire renouveler (78).

125. Si un témoin irréprochable reconnait avoir apposé sa signature sur un acte dont il a oublié le contenu, parce qu'il date d'une époque éloignée (79),

126. il doit renouveler de vive voix son témoignage, à moins que l'état de cet acte ne puisse inspirer quelque doute.

---

ne devrait pas être appliquée au cas où le danger signalé ne serait pas possible, comme s'il s'agissait de question d'état. Le témoignage alors peut être renouvelé, si les témoins y consentent.

(79) La personne qui a été témoin dans un acte doit, si cet acte est produit en justice, comparaitre pour confirmer verbalement son témoignage. Cette reproduction du témoignage sera-t-elle possible, si le témoin qui a signé reconnait bien son écriture; mais s'il a oublié ce que l'acte renferme? Non; il faut en principe qu'il reconnaisse sa signature et se souvienne du contenu de l'acte, sinon il ne témoignerait pas en parfaite connaissance de cause. Il n'en est autrement que de la personne irréprochable, et encore faut-il que l'écrit qu'on lui présente ne lui paraisse avoir souffert aucune altération.

والحكم في القاضي كمثل الشاهد
وقيل بالفرق لمعنى زائد
وخط عدل مات او غاب اكتفي
فيه بعدلين وفي المال اقتفي

والحبس ان يقدم وقيل يعتمل
في كل شي وبه الان العمل
كذلك في الغيبة مطلقا وفي
مسافة القصر اجيز فاعرف

---

(80) Après avoir parlé des actes écrits, l'auteur pense aux jugements : ce rapprochement est naturel, le même magistrat, le cadi, étant, dans la législation musulmane, à la fois juge et notaire. Voici l'hypothèse prévue : le cadi a trouvé dans son registre un ancien jugement qui n'a reçu aucune exécution, et il ne se rappelle plus à propos de quelle affaire ce jugement est intervenu. Pourra-t-il néanmoins le faire exécuter ? Les auteurs ne sont pas d'accord. Les uns disent que, par suite de l'oubli du cadi, il en sera de ce jugement comme d'un acte ancien, dont les témoins ont oublié le contenu : il sera sans valeur. Suivant d'autres, au contraire, l'exécution sera possible, pourvu que le magistrat, grâce à l'autorité dont il est investi, requière le témoignage de deux personnes honorables, de deux adels, pour rendre en quelque sorte à ce jugement la force qui lui manque.

127. La règle est la même à l'égard du cadi. Cependant, certains auteurs admettent une différence à cause des pouvoirs plus étendus qu'a ce magistrat (80).

128. Quant au témoin simplement honorable, s'il est mort ou s'il n'est pas présent, la déclaration de deux personnes dignes de foi suffit, dans toute affaire ayant trait aux biens, pour rendre valable sa signature.

129. Même règle quand il s'agit d'un habous ancien. Suivant d'autres, il en est de même en toutes matières, et c'est l'opinion qui prévaut aujourd'hui (81).

130. C'est ainsi qu'on doit procéder d'une manière absolue quand un témoin n'est pas présent, même s'il ne se trouve pas à une distance considérable (82).

---

(81) Ces deux vers 128 et 129 ont trait à la règle que nous énoncions tout à l'heure, à savoir que celui qui a été témoin dans un acte doit, si cet acte est produit en justice, comparaître pour confirmer verbalement son témoignage Or, au jour où cette comparution est nécessaire, le témoin peut être décédé ou n'être pas présent. Son témoignage sera-t-il pour cela sans valeur? Non, à condition que deux personnes honorables certifient que l'écriture est bien celle du témoin mort ou absent.

(82) Un témoin qui a signé l'acte n'est pas présent, mais il se trouve dans un endroit peu éloigné. On ne le forcera pourtant pas à comparaître, et l'on se contentera de la déclaration de deux personnes honorables, à qui son écriture est connue. C'est là ce qu'a pour objet d'indiquer le vers 130 qui semble contenir une répétition inutile.

وكاتب بخطه ما شاءه
ومات بعد او ابى امضاءه
يثبت خطه ويمضي ما اقتضى
دون يمين وبه اليوم القضا
وامتنع النقصان والزياده
الا لمن برز في الشهاده
وراجع عنها قبوله اعتبر
ما الحكم لم يمض وان لم يعتذر
وان مضى فلا وقد اختلفا
في غرمه لما بها قد اتلفا

---

(83) Il faut supposer que le débiteur refuse de s'acquitter, parce que, dit-il, l'acte qui constate l'obligation n'a pas été écrit par lui.

(84) L'authenticité de l'écriture sera établie par la comparution de témoins.

(85) L'auteur prévoit ici le cas où des changements seraient apportés à un témoignage déjà produit. Il distingue à ce propos plusieurs classes de témoins :

1° L'homme irréprochable. Celui-ci peut, sans donner de

131. Si quelqu'un, s'étant engagé librement par écrit, vient ensuite à mourir, ou s'il refuse de se libérer de son obligation (83),

132. le contrat sera exécuté, après constatation de l'authenticité de l'écriture (84) et sans délation de serment : c'est ainsi qu'on juge aujourd'hui.

133. Il est interdit à tout témoin, excepté à celui qui est irréprochable, de rien ajouter ni de rien retrancher à une déposition déjà faite.

134. On admet qu'un témoin peut revenir sur sa déposition, tant que le jugement n'a pas été rendu ; mais s'il ne donne pas pour cela de bonnes raisons,

135. ou que le jugement soit prononcé, tout retour est impossible (85). Il y a divergence sur la question de savoir si les témoins sont pécuniairement responsables du tort causé par cette modification de leur témoignage.

---

raisons, revenir sur la déposition qu'il a faite, y ajouter ou en retrancher, par exemple, s'il s'agit d'une dette de somme d'argent, dire que le montant en est de 50, après avoir dit qu'il était de 30, ou à l'inverse. En pareil cas, on s'en tient à sa dernière déclaration ;

2° L'homme simplement honorable. Celui-là peut aussi modifier son témoignage, tant qu'il n'y a pas eu de jugement rendu, mais il doit expliquer pourquoi il varie dans ses affirmations. S'il ne présente pas de raisons valables, on ne tient compte ni de la première déposition, ni de la nouvelle.

وشاهد الزور اتفاقا يغرمه
في كل حال والعقاب يلزمه

* فصل في انواع الشهادة *

ثم الشهادة لدى الاداء
جملتها خمس بالاستقراء
تختص اولاها على التعيين
ان توجب الحد بلا يمين
ففي الزنى من الذكور اربعه
وما عدا الزنى ففي اثنين سعه
ورجل بامراتين يعتضد
في كل ما يرجع للمال اعتمد
وفي اثنين حيث لا يطلع
الا النساء كالحيض مقنع
وواحد يجزئ في باب الخبر
واثنين اولى عند كل ذي نظر

136. Le faux témoin, de l'avis de tous les jurisconsultes, est toujours responsable pécuniairement, sans préjudice du châtiment qu'il mérite.

CHAPITRE XI (§ 1er)

Des diverses sortes de témoignage

137. Les témoignages, produits en justice, peuvent, tous sans exception, être classés en cinq catégories.

138. En premier lieu vient évidemment le témoignage qui, à lui seul, fait preuve complète, sans qu'un serment soit nécessaire.

139. Pour prouver l'adultère, il faut le témoignage de quatre hommes; dans tous les autres cas, deux témoins suffisent.

140. Pour tout ce qui a trait aux biens, le témoignage d'un homme peut être complété par celui de deux femmes.

141. Le témoignage de deux femmes suffit, lorsqu'il s'agit de choses que les femmes seules constatent habituellement, par exemple les menstrues.

142. En matière d'expertise, un seul témoin suffit : cependant il est clair qu'il vaut mieux en avoir deux.

وبشهادة من الصبيان في
جرح وقتل بينهم قد اكتفي
وشرطها التمييز والذكوره
والاتفاق في وقوع الصوره
من قبل ان يفترقوا او يدخلا
فيهم كبير خوف ان يبدلا

* فصل *

ثانية توجب حقا مع قسم
في المال او ماءال للمال تؤم
شهادة العدل اليمين اقامه
وامراتان قامتا مقامه

---

(86) Ces expressions, que nous avons déjà rencontrées aux vers 128 et 140, ont une portée très générale. L'auteur les applique à toutes les actions, réelles ou personnelles, mobilières ou immobilières, à tout ce qui peut avoir pour effet direct de modifier le مال, c'est-à-dire le patrimoine. Il ne reste donc en dehors que les questions religieuses et ce que

143. Le témoignage des enfants suffit, si, dans une rixe entre eux, il y a eu mort ou blessure,

144. à condition qu'ils aient l'âge de discernement, qu'ils soient mâles et que leurs dépositions concordent sur la façon dont les faits se sont passés.

145. Pour être valable, ce témoignage doit être recueilli avant que les enfants se soient séparés ou qu'il soit intervenu une personne plus âgée pouvant modifier leurs déclarations.

§ 2

146. La seconde sorte de témoignage ne prouve l'existence du droit que s'il est accompagné d'un serment : il s'applique aux biens et à tout ce qui s'y rapporte (86).

147. Il faut que la partie produise un témoin mâle honorable, ou, en son lieu et place, le témoignage de deux femmes.

---

nous nommons dans notre droit les questions d'état. Pour les affaires de cette nature, il faut nécessairement deux témoins du sexe masculin : pour les autres, il suffit d'un seul témoin mâle, dont la déposition sera appuyée du témoignage de deux femmes (vers 140) ou de la prestation d'un serment (vers 146).

وهاهنا عن شاهد قد يغني
ارخاء ستر واحتياز رهن
واليد مع مجرد الدعوى وان
تكافأت بينتان فاستبن
والمدعى عليه يابا القسما
وفي سوى ذلك خلف علما

---

(87) Les mots إرخاء ستر, qui sont dans le texte, signifient exactement *la chute du rideau*. Quand un homme et une femme se mariaient, ils entraient dans une tente, et on laissait retomber sur eux le rideau qui servait de portière. Quand ce rideau avait été ainsi abaissé, le mariage était en droit réputé consommé, bien que peut-être en fait l'homme et la femme n'eussent eu entre eux aucun rapport. La cohabitation effective n'est donc pas nécessaire à la perfection du mariage musulman. L'إرخاء ستر pourrait être comparée à *deductio in domum* du droit romain.

(88) Les vers 148, 149 et 150 mentionnent quatre cas où, par suite de certains faits, les parties seront dispensées de produire un seul témoin. Ces faits sont l'équivalent d'un témoignage : ils seront un commencement de preuve qu'il suffira de compléter par un serment. Ces cas sont les suivants :

1° La chute du rideau ou la consommation légale du mariage : une femme réclame sa dot parce qu'elle a, dit-elle, eu commerce avec son mari : l'homme refuse de payer, parce qu'il prétend que la femme ne s'est pas livrée à lui. Il n'est pas possible, en pareil cas, de produire un témoin. Si les

148. On considère comme l'équivalent d'un témoignage : 1° La consommation légale du mariage (87); 2° La détention d'une chose engagée.

149. 3° La possession d'un bien litigieux, quand le demandeur ne fournit pas de preuves, ou que des deux parts les preuves sont égales;

150. 4° Le refus de la part du défendeur de prêter serment. Dans tous les autres cas, un témoin est nécessaire (88).

époux ont été enfermés dans la tente, s'il y a eu chute du rideau, cela suffira pour donner raison à la femme : il y a là en sa faveur un témoignage muet, un témoignage de fait : elle obtiendra gain de cause en prêtant serment;

2° Un débiteur et son créancier sont en désaccord sur le chiffre de la dette. Le créancier présente un bien qui lui a été remis en gage et qu'il possède. La valeur de cette chose, estimée, non pas au jour de la constitution du gage, mais au jour du jugement, servira à fixer le montant de l'obligation : le créancier sera cru sur son serment;

3° Je possède un bien que vous revendiquez. Vous ne prouvez pas votre droit ou bien je combats et détruis vos preuves par des preuves égales. Le juge me déférera le serment; et si je jure que la chose litigieuse m'appartient, vous serez débouté. On retrouve ici une application de cette règle si connue, qui nous vient du droit romain et que l'on énonce ainsi : *In pari causa melior est causa possidentis;*

4° Le demandeur ne parvient pas à prouver son droit. Le juge défère alors le serment au défendeur, qui refuse de le prêter. Ce refus est considéré comme un témoignage en faveur du demandeur qui, prêtant serment à son tour, gagnera son procès.

ولا يمين مع نكول المدعى
بعد ويقضى بسقوط ما ادعى
وغالب الظن به الشهاده
بحيث لا يصح قطع عاده

* فصل *

ثالثة لا توجب الحق نعم
توجب توقيفا به حكم الحكم
وهى شهادة بقطع ارتضى
وبقى الاعذار فيها يقتضى

---

(89) Nous venons de voir que si, après refus du défendeur, le demandeur prête serment, il obtient gain de cause : s'il refuse aussi de jurer, il échouera aussi dans sa demande. Le serment ne sera pas de nouveau déféré au défendeur, car il faut que ces délations successives aient une fin.

(90) Il est ici question du témoin qui, pour déposer, s'appuie, non sur ce qu'il a vu ou entendu, mais seulement sur des présomptions graves. Ce témoignage sera-t-il admissible ? Oui, dans les cas où il ne sera guère possible d'obtenir un témoignage décisif. Ainsi, une femme s'est souvent plainte d'être victime des violences de son mari ; des voisins ont même entendu ses cris, mais personne n'a vu donner les coups. Comme il y a dans ces plaintes réitérées, dans ces cris, une grave présomption de vérité, le témoignage des

151. Le serment n'est point déféré au défendeur, quand le demandeur refuse de le prêter après refus préalable de son adversaire ; la demande est alors jugée irrecevable (89).

152. Le témoignage fondé sur de graves présomptions est acceptable, dans le cas où un témoignage décisif ne peut être ordinairement établi (90).

§ 3

153. Troisième sorte de témoignage. Il ne fournit pas preuve complète du droit, mais motive, de la part du magistrat, un jugement mettant la chose litigieuse en séquestre.

154. Cette mise en séquestre est ordonnée, lorsqu'ont été produits des témoignages décisifs, à l'égard desquels il reste à remplir la formalité de l'interpellation finale (91).

---

voisins, cités par la femme, pourra être reçu et celle-ci n'aura plus qu'à compléter la preuve par un serment.

Autre exemple : un individu, à qui l'on réclame le paiement d'une dette, dit qu'il est indigent et hors d'état de s'acquitter. Il cite comme témoin une personne qui le connaît intimement. Ce témoin peut seulement affirmer que son ami vit misérablement, qu'il a toutes les apparences de la pauvreté. Mais ce n'est pas là une preuve certaine, c'est seulement une présomption, car rien n'assure que le débiteur poursuivi n'a pas de l'argent caché. Cependant, faute de preuves décisives, ce témoignage sera admis et il suffira d'un serment, prêté par la partie en faveur de qui ce témoignage est intervenu.

(91) Voici l'hypothèse prévue : le demandeur a produit

١٥٥ وحيث توقيف من المطلوب
فلا غنى عن اجل مضروب
ووقف ما كالدور فقل مع اجل
انقل ما فيها به صح العمل
وما له كالفرن خرج والرحا
ففيه توقيف الخراج وضحا
وهو في الارض المنع من ان تعمرا
والحظ يكرى ويوقف الكرا

---

des preuves décisives, par exemple, il a fait comparaître deux témoins honorables, affirmant qu'ils ont entendu les paroles ou vu s'accomplir les faits à propos desquels ils déposent. L'adversaire prétend qu'il peut combattre victorieusement ces témoignages, mais il demande du temps pour réunir ses preuves. Le cadi fait droit à sa demande et ne pose pas la question d'*iàdar* qui clôrait les débats. Toutefois, les témoignages produits auront cet effet de faire retirer la possession au défendeur et de faire mettre la chose litigieuse en séquestre, jusqu'à ce qu'une sentence définitive soit rendue.

(92) Dans tous les cas où la mise en séquestre de la chose litigieuse est prononcée, il y a eu un commencement de preuve par témoins. Pour renverser ou compléter ce témoignage imparfait, un certain temps est nécessaire : le magistrat devra en fixer la limite, le séquestre ne pouvant pas avoir une durée indéfinie.

155. Quand il y a séquestre de la chose en litige, le magistrat ne peut se dispenser de fixer un délai (92).

156. Si le bien mis en séquestre est un immeuble fermant à clef, comme une maison, il est d'usage d'accorder un délai pour emporter ce qui y est contenu (93).

157. Pour les immeubles donnant lieu à la perception d'un revenu journalier, tels que four ou moulin, s'ils sont mis en séquestre, le séquestre porte sur le revenu (94).

158. S'il s'agit d'une terre, il est interdit de la mettre en valeur (95). Si le séquestre ne porte que sur une part indivise, on louera l'immeuble et le prix de location sera saisi (96).

---

(93) La personne qui possédait la maison sera autorisée à en retirer, dans un temps donné, tout ce qui est susceptible de détérioration ou ce qui est nécessaire à son usage. Le délai accordé une fois expiré, la maison sera fermée à clef et l'on ne pourra plus en faire rien sortir.

(94) Il existe certaine nature de biens, dont l'usage est indispensable. Ainsi la chose litigieuse est, comme le suppose le texte, un moulin où, moyennant paiement, les habitants de la ville viennent moudre leur blé, ou bien un four où ils font cuire leur pain. La mise en séquestre ne peut évidemment pas avoir pour effet de les priver de nourriture; on continuera donc à moudre et à cuire, mais ce que rapporte le moulin ou le four sera saisi et séquestré.

(95) Tant que durera le séquestre, on ne pourra labourer cette terre ni rien planter. C'est là, au point de vue économique, une décision mauvaise. Il eut été plus raisonnable

قيل جميعا او بقدر ما يجب
للحظ من ذاك والاول انتخب
١٦٠ وشاهد عدل به الاصل وقف
ولا يزال من يد بها الف
وباتفاق وقف ما يفاد
منه اذا ما امن الفساد
وحيثما تكون حال البينه
في حق من يحكم غير بينه

---

d'autoriser la culture de la terre, sauf à mettre en séquestre les fruits et les récoltes. Il est vrai que la durée du séquestre ne sera jamais bien longue.

(96) Au lieu de réclamer la propriété exclusive du fonds litigieux, le demandeur a pu se présenter comme copropriétaire. Comme il n'est pas possible de faire porter le séquestre sur une part indivise, il faudra, dit le texte, louer l'immeuble, saisir et mettre en réserve le prix de location. D'après Ebn Acem, la saisie totale est préférable à la saisie partielle. Mais Ettassouli combat avec raison cette opinion : il dit que cette façon de procéder porte préjudice au défendeur en le privant de la jouissance d'une partie de ses biens sur laquelle il n'y a aucune contestation. Or, en principe, on ne doit nuire à personne pour favoriser autrui. Il ajoute que le demandeur lui-même n'a aucun intérêt à la saisie totale.

(97) Le demandeur n'a pas pu produire deux témoins honorables : il n'en a fait comparaître qu'un seul. Pourra-t-

159. Certains interprètes prétendent qu'on doit saisir tout le prix; d'autres seulement ce qui est afférent à la part mise en séquestre; c'est la première opinion qui prévaut (96).

160. La déposition d'un seul témoin honorable peut déterminer le séquestre d'un immeuble, mais alors cet immeuble reste aux mains de celui qui le possédait (97).

161. Tout le monde admet que les fruits doivent alors être saisis, chaque fois qu'on n'a pas lieu de craindre qu'ils se détériorent (98).

162. Lorsque, aux yeux du cadi, l'honorabilité des témoins n'est pas suffisamment établie,

---

on prononcer le séquestre? Il y a sur cette question entre les auteurs une controverse dont le vers 160 ne porte pas trace. Dans un premier système, ce témoignage unique ne suffira pas pour que la chose litigieuse soit séquestrée. D'autres interprètes admettent au contraire le séquestre, avec dépossession du défendeur, tout comme si deux personnes honorables avaient témoigné. Enfin, il y a un système mixte, qui est celui d'Ebn Acem : le séquestre sera prononcé, mais le défendeur restera en possession, c'est-à-dire qu'il sera constitué gardien. Le séquestre aura alors ce triple effet : 1° D'empêcher le possesseur d'aliéner valablement l'immeuble; 2° De lui interdire d'apporter aucun changement à l'état du fonds, par exemple en construisant ou en démolissant; 3° De le priver des fruits, qui seront saisis et mis en réserve, comme il est dit au vers 161.

(98) Par exemple quand il s'agit de fruits civils (v. C. civ., art. 584) : aucune détérioration n'est alors possible.

يوقف الفائد لا الاصول

بقدر ما يستكمل التعديل

وكل شى يسرع الفساد لـه

وقف لا لان يرى قد دخله

١٦٥ والحكم بيعه وتوقيف الثمن

ان خيف في التعديل من طول الزمن

ومدع كالعبد والنشدان

ثبوته قام به برهان

او السماع ان عبده ابق

ان طلب التوقيف فهو مستحق

بخمسة او فوقها يسيرا

حيث ادعى بينة حضورا

---

(99) Le cas ici prévu est analogue au précédent. Le demandeur a produit deux témoins, mais sans justifier de leur honorabilité : ici encore la preuve fournie est incomplète. Un temps suffisant, dont le cadi fixera la durée, sera laissé à la partie pour la parfaire.

En attendant, le séquestre sera prononcé, mais le défendeur restera en possession : il ne pourra ni aliéner, ni

163. ce magistrat saisit les fruits, mais non le fonds, jusqu'à ce qu'il se soit écoulé un temps assez long pour parfaire le témoignage (99).

164. Pour toute chose prompte à se corrompre, le séquestre a lieu, mais la durée n'en doit pas être telle que la chose ait le temps de se gâter.

165. Si l'on craint qu'il faille un trop long temps pour habiliter les témoins, la règle est de vendre la chose litigieuse et de saisir le prix (100).

166. Dans le cas de revendication d'un esclave ou d'une chose perdue, quand le fait de la perte aura été dûment établi, il y aura là un commencement de preuve.

167. Il en sera de même quand, par la commune renommée, on prouvera la fuite d'un esclave. Dans les deux cas, le séquestre est de droit, s'il est demandé.

168. Le séquestre durera cinq jours ou un peu plus, à condition que le demandeur s'engage à produire à bref délai ses témoins.

---

rien changer à l'état du fonds, ni percevoir les fruits

(100) Dans les vers 156 et suivants, l'auteur s'occupe surtout des cas où l'objet litigieux est un immeuble. Or, le sé questre peut également porter sur des choses mobilières. Elles sont alors retirées au défendeur et confiées aux soin d'une personne honorable.

فان تكن بعيدة فالمدعى
عليه ما القسم عنه ارتفعا

كذلك مع عدل بشدان شهد
وبعد باقيهم يمينه ترد

❋ فصل ❋

رابعة ما يلزم اليمينا
لا الكف لاكن للطالبينا

شهادة العدل او اثنتين في
طلاق او عتاق او قذف يجى

---

(101) J'ai perdu une chose qui m'appartenait, ou bien l'un de mes esclaves s'est enfui. Je retrouve aux mains d'un tiers cette chose ou l'esclave fugitif, et je revendique. Les témoins que je voudrais produire n'étant pas présents, je ne suis pas en état de prouver immédiatement mon droit de propriété sur la chose revendiquée; mais, par la déposition de personnes honorables ou par la commune renommée, j'établis que j'ai possédé et perdu un bien de même nature. Il y a là en ma faveur une présomption suffisante pour motiver le séquestre. Toutefois la durée en sera très courte : je devrai compléter la preuve dans une semaine au plus. Si, à cause de l'éloignement des témoins, cela n'est pas possible, le serment sera déféré au défendeur, et, s'il jure que la chose est à lui, le séquestre ne sera pas prononcé. Il va sans dire que

169. Si ces témoins sont éloignés, le défendeur sera obligé de prêter serment (101).

170. Le serment sera également déféré au défendeur, quand un seul témoin honorable dépose sur la perte de la chose, et que les autres témoins sont éloignés (102).

§ 4

171. Quatrième sorte de témoignage. Il ne prouve pas le droit du demandeur, mais entraine le serment du défendeur (103).

172. Il en est ainsi dans les cas de répudiation, d'affranchissement et de diffamation, quand un seul homme honorable ou quand deux femmes seulement ont témoigné.

---

mon droit de revendiquer subsiste et que je n'aurai pas à craindre l'exception de chose jugée.

(102) Dans le vers 170, le fait de la perte n'est pas même prouvé complétement. Il ne peut être alors question de séquestre; le défendeur prêtera serment sur l'existence de son droit et il sera maintenu en possession.

(103) Il s'agit encore ici d'une preuve par témoins imparfaite. Mais au lieu que cette preuve soit complétée, comme nous l'avons vu précédemment, par le serment du demandeur, elle sera au contraire détruite par le serment de la partie adverse.

وتوقف الزوجة ثم ان نكل

زوج فسجن وبعام العمل

وقيل للزوجة اذ يدين

تمنع نفسها ولا تزين

---

(104) Une femme prétend que son mari l'a répudiée, et elle produit seulement le témoignage d'un homme honorable ou de deux femmes. Cette preuve est insuffisante. Le magistrat déférera alors le serment au mari. S'il jure qu'il n'y a pas eu répudiation, la femme sera déboutée de sa demande. Dans le cas où le mari refuserait de prêter serment, on cherchera à l'y contraindre par un emprisonnement qui ne doit pas durer plus d'une année. Si la résistance du mari se prolonge, on s'en remet à sa conscience, c'est-à-dire qu'on le laissera libre; si ensuite il se décide à prêter serment ou à reconnaître qu'il y a eu répudiation, ce sera donc pour obéir à sa conscience, puisque toute contrainte aura cessé. Le mari rendu à la liberté ne pourra pas forcer sa femme à se livrer à lui, bien qu'en droit le mariage subsiste. Il y a donc là, comme on voit, une sorte de séparation de corps.

(105) Après avoir, au vers 172, indiqué trois cas où la quatrième espèce de témoignage est employée, l'auteur, dans les vers suivants, ne s'explique que sur le cas de répudiation. Il est facile de suppléer à son silence. Pour l'affranchissement, voici l'hypothèse : un esclave dit que son maître l'a affranchi : un seul homme honorable ou deux femmes témoignent en sa faveur. Le serment sera déféré au maître, et, s'il le prête, il obtiendra gain de cause. En cas de refus, il sera mis en prison, pendant un an au plus; après ce temps, il sera mis en liberté et l'esclave restera en servitude.

Le vers 172 parle aussi du cas de diffamation. Je prétends que vous m'avez diffamé, mais je ne fais comparaître comme

173. Dans le cas de répudiation (104), la femme est tout d'abord séparée de son mari ; si celui-ci refuse de prêter serment, on le met en prison, et l'usage est de l'y retenir au plus pendant un an.

174. On s'en remet ensuite à sa conscience (104), et il est alors prescrit à la femme d'éviter tout rapport avec son mari, et de ne pas se parer (105-106).

---

témoins qu'un homme honorable ou que deux femmes. Vous pourrez détruire par votre serment la preuve incomplète que je produis. Faute par vous de jurer, vous serez emprisonné pendant un an.

On peut remarquer que, dans ces trois cas, il ne s'agit pas, comme dans le vers 146, d'affaires qui concernent les biens.

(106) A propos de cette quatrième sorte de témoignage, une question se pose. Quand, ayant seulement produit le témoignage d'un homme ou de deux femmes, le demandeur n'a fourni qu'une preuve incomplète, pourquoi ne l'admet-on pas, comme dans des cas que nous avons précédemment étudiés, à parfaire par son serment ce commencement de preuve ? Pourquoi, au contraire, défère-t-on le serment au défendeur, pour qu'il mette ainsi à néant la demi preuve faite par son adversaire ? On peut remarquer que, dans les deux premiers cas prévus au texte, le demandeur est une personne placée dans une condition de dépendance, une personne soumise précisément à la puissance du défendeur, et qui plaide pour obtenir sa liberté. C'est une femme qui affirme que son mari l'a répudiée ; c'est un esclave qui prétend que son maître l'a affranchi. N'est-il pas à craindre qu'en les autorisant à parfaire, au moyen d'un serment, une preuve testimoniale incomplète, on ne dépouille trop facilement le mari ou le maître de leur droit de puissance ? De même dans le cas de diffamation, on ne veut pas faciliter la preuve au demandeur : sans doute on pense qu'il n'a pas subi un préjudice bien considérable, puisqu'il ne peut pas même réunir deux témoins.

* فصل *

١٧٥ خامسة ليس عليها عمل
وهى الشهادة التى لا تقبل
كشاهد الزور والابن للاب
وما جرى مجراهما مما ابى

* فصل في شهادة السماع *

وعملت شهادة السماع
في الحمل والنكاح والرضاع

---

(107) On peut distinguer : 1° Le témoignage personnel et direct, quand un individu dépose sur des faits auxquels il a assisté ou à propos de paroles qui ont été prononcées devant lui ; 2° Le témoignage par ouï-dire, quand, sans avoir lui-même rien vu ni entendu, le témoin rapporte ce qu'il a entendu dire à telle ou telle personne, qu'il peut désigner nommément ; 3° Le témoignage par commune renommée, dont il est traité dans ce chapitre. Ici encore la personne qui dépose n'est pas un témoin oculaire ; elle fait part de ce qu'elle a entendu dire, mais sans pouvoir désigner qui que ce soit individuellement ; elle rapporte ce qui a été répété d'une manière générale, ce qui était le bruit public. — Le témoignage par commune renommée n'est admis que dans des cas déterminés limitativement, dont l'énumération est faite dans les vers 177 à 182. Il faut ordinairement qu'il

§ 5

175. Cinquième sorte de témoignage. Il n'a aucun effet; c'est un témoignage qu'on ne doit jamais accepter,

176. comme, par exemple, le faux témoignage, la déposition du fils en faveur de son père et tous les autres cas de témoignage également interdits.

CHAPITRE XII

Du témoignage par commune renommée (107)

177. Le témoignage par commune renommée est admis pour prouver la grossesse (108), le mariage (109), le commun allaitement (110),

---

s'agisse de faits anciens, si bien qu'on ne puisse plus produire de témoignages personnels, ou bien encore de faits d'une nature telle qu'ils n'aient pu avoir lieu en présence de témoins.

(108) Une femme esclave prétend que son maître l'a vendue grosse; le maître le nie. L'intérêt du débat est grand pour la femme, car, si elle établit ce fait, elle sera libre. On l'admettra à prouver son dire par commune renommée, en faisant comparaître des témoins qui certifient que, d'après le bruit public, le maître passait pour avoir commerce avec son esclave et qu'on parlait de la grossesse de cette femme comme d'une chose visible et notoire. C'est le même cas dont il est question au vers suivant, quand l'auteur parle de la naissance d'un enfant. Il suppose alors que le débat a lieu

والحيض والميراث والميلاد
وحال اسلام او ارتداد
والجرح والتعديل والولاء
والرشد والتسفيه والايصاء

---

après que la femme a heureusement accouché ; dans notre vers 177, la question se pose alors que l'esclave est encore grosse ou après qu'elle a avorté.

(109) Quand on veut prouver l'existence d'un mariage qui remonte à une époque déjà éloignée, cette preuve peut être faite par commune renommée. Il suffira de produire des témoins ayant entendu parler de ce mariage par des gens qui y avaient assisté, ou qui, même sans y avoir pris part, avaient entendu le bruit des tambours accompagnant le cortège nuptial ou vu la fumée du festin.

(110) Deux personnes se proposent de contracter mariage; pour s'opposer à leur union, on pourra établir par commune renommée qu'elles ont été allaitées en commun, c'est-à-dire qu'elles sont ce qu'on nomme vulgairement frère et sœur de lait. Il y a discussion sur le point de savoir si, le mariage ayant eu lieu, cette preuve suffirait pour le rompre.

(111) Il peut y avoir intérêt à établir l'existence des menstrues chez la femme, pour prouver par exemple qu'une jeune fille est nubile ; qu'une femme est arrivée à la fin de la période de continence légale : la durée de cette période est fixée, comme on sait, à trois menstruations. On comprend qu'en pareille matière le témoignage par commune renommée est nécessairement admis.

(112) Une personne étant morte, on peut prouver par commune renommée qu'on est héritier, parce qu'on était ou le

178. les menstrues (111), la vocation à l'hérédité (112), la naissance d'un enfant (113), la qualité de musulman, l'apostasie (114),

179. la récusation et l'habilitation des témoins (115), la condition d'affranchi (116), la capacité et l'incapacité légale, les dispositions testamentaires (117),

---

parent ou l'affranchi du défunt. Toutefois ce témoignage n'est admis que si aucun autre héritier ne se présente et pour empêcher la dévolution des biens au bit-el-mal.

(113) Nous avons vu qu'une femme esclave peut établir par commune renommée qu'elle a mis au monde un enfant des œuvres de son maître. Une femme libre aura quelquefois aussi un intérêt à prouver qu'elle a été mère, par exemple pour faire cesser la période de continence légale. Il est de règle en effet que cette période de retraite prend fin, lorsque la femme a accouché.

(114) Cette preuve importe pour les droits de succession. Une qualité essentielle, requise pour succéder, est d'être musulman; en établissant donc qu'on est musulman, on conservera sa vocation héréditaire. On écarterait au contraire un successible, en prouvant qu'il a renoncé à l'islamisme. A défaut d'héritiers musulmans, les biens passent au bit-el-mal (voir ci-dessus la note 6).

(115) S'agit-il de faire admettre ou de reprocher un témoin, de ceux qu'on doit habiliter ? Il suffira que les personnes, appelées à déposer, déclarent qu'elles ont toujours entendu parler de ce témoin comme d'un homme de bien, ou comme d'un homme peu honorable.

(116) L'auteur a encore ici en vue les droits de succession. Une personne étant décédée sans laisser d'héritier du sang, je prouverai par commune renommée que j'ai été affranchi

وفي تملك لملك بيد
يقام فيه بعد طول المدد
وحبس جاز من السنينا
عليه ما يناهز العشرينا
وعزل حاكم وفي تقديمه
وضرر الزوجين من تتميمه
وشرطها استفاضة بحيث لا
تحصر من عنه السماع نقلا

---

par elle ou par quelqu'un de ses ascendants, et je recueillerai ainsi les biens aux lieu et place du bit-el-mal. On prouverait de même la qualité de patron (voir ci-dessus note 112).

(117) En ce qui concerne les dispositions testamentaires, il y a lieu de distinguer celles qui ont pour objet la dévolution des biens et celles qui ont un autre but. Pour celles-ci, tout le monde reconnait qu'on en pourra fournir la preuve par commune renommée : ainsi on établira, par cette sorte de témoignage, que telle personne a été nommée tuteur testamentaire. Quant aux dispositions ayant trait aux biens, comme les legs, il y a controverse : toutefois, la majorité des auteurs est d'avis que la preuve par commune renommée ne doit pas être admise.

(118) Vous venez revendiquer un bien que je possède paisiblement depuis longues années, par exemple depuis vingt ans au moins. Comme peut-être, à cause du temps écoulé,

180. la propriété d'un bien qu'on possède et qui est revendiqué après un long temps écoulé (118),

181. un habous constitué depuis une durée d'environ vingt ans (119),

182. la destitution ou la nomination d'un magistrat (120), et enfin les sévices entre époux (121).

183. Ce témoignage doit avoir un caractère de généralité telle, qu'on ne puisse pas faire connaître tous ceux dont on a entendu les dires.

---

les personnes, dont j'aurais pu invoquer le témoignage ou bien sont mortes, ou ont quitté le pays, je repousserai votre demande en revendication en produisant des témoins qui déclareront que j'ai toujours été considéré partout comme propriétaire de la chose en litige, et en établissant de quelle façon je l'ai acquise.

(119) Quelques auteurs exigent une durée de quarante ans.

(120) La question se posera ordinairement au sujet de la validité ou de l'invalidité d'un jugement. Pour prouver que ce jugement est valable ou non, il faudra démontrer qu'il a été rendu par une personne régulièrement investie des pouvoirs de magistrat, ou qui avait cessé de remplir ces fonctions.

(121) Une femme maltraitée par son mari veut demander le divorce : on lui permet de prouver par commune renommée les sévices dont elle se plaint.

مع السلامة من ارتياب
يفضي الى تغليط او اكذاب
ويكتفى فيها بعدلين على
ما تابع الناس عليه العملا

* فصل في مسائل من الشهادة *

ومن لطالب بحق شهدا
ولم يحقق عند ذاك العددا
فمالك عنه به قولان
للحكم في ذاك مبينان
الغاؤها كأنها لم تذكر
وترفع الدعوى بيمين المنكر
او يلزم المطلوب ان يقرا
ثم يودى ما به اقرا

---

(122) Pour le contraindre, on le mettra en prison pendant

184. Il doit aussi être exempt du moindre doute, pouvant faire supposer la mauvaise foi ou le mensonge.

185. Pour cette sorte de témoignage, il suffit de la déposition de deux personnes honorables ; tel est l'usage communément suivi.

CHAPITRE XIII

De quelques questions relatives au témoignage

186. Si un demandeur prouve par témoins l'existence d'une créance, mais sans pouvoir en préciser le chiffre,

187. Malek donne à cet égard deux opinions, indiquant la manière de procéder en ces circonstances.

188. On peut : 1° Ne tenir aucun compte de ce témoignage, comme s'il n'avait pas été produit : alors le serment du défendeur qui nie la dette fait échouer la demande ;

189. 2° Contraindre le défendeur (122) à fixer le chiffre de la dette ; il doit alors payer ce qu'il reconnaît devoir,

---

un certain temps.

بعد يمينه وان تجنبا
تعيينا او عين واكلف ابا
كلف من يطلبه التعيينا
وهو له ان اعمل اليمينا
وان ابى وقال لست اعرف
بطل حقه وذاك الاعرف
وما على المطلوب اجبار اذا
ما شهدوا في اصل ملك هكذا
ومنكر للخصم ما ادعاه
اثبت بعد انه قضاه
ليس على شهوده من عمل
لكونه كذبهم في الاول

---

(123) C'est-à-dire un témoignage prouvant bien l'existence du droit, mais n'en indiquant pas la quotité, l'étendue.

(124) La controverse soulevée à propos des droits de créance n'existe donc pas, s'il s'agit de la propriété ou de

190. après avoir prêté serment. Si le défendeur se refuse à préciser le montant de la dette, ou s'il précise, mais qu'il ne veuille pas jurer,

191. c'est au demandeur à préciser, et, à condition de prêter serment, il aura droit à la somme qu'il réclame.

192. S'il refuse, en disant qu'il ne sait pas quelle est la somme exacte, il sera débouté de sa demande. De ces deux opinions, la première est la plus répandue.

193. Le défendeur ne peut être contraint de préciser, toutes les fois qu'un témoignage de cette nature (123) porte sur un droit de propriété (124).

194. Quand un des plaideurs prétend ne pas devoir ce que son adversaire réclame et qu'ensuite il veut établir qu'il s'est acquitté de son obligation,

195. il n'y a pas lieu d'admettre ses témoins, parce qu'il les a lui-même démentis par ses premiers dires.

---

tout autre droit réel. Le demandeur, pour gagner sa cause, doit nécessairement alors établir quelle est l'étendue de son droit. Il n'y a jamais lieu d'user de contrainte à l'égard du défendeur.

وفي ذوي عدل يتعارضان
مبرزا اتى لهم قولان
وبالشهيدين مطرف قضا
والكلف والاعدل اصبغ ارتضى
وقدم التاريخ ترجيح قبل
لا مع يد والعكس عن بعض نقل
وانما يكون ذاك عند ما
لا يمكن الجمع لنا بينهما
والشي يدعيه شخصان معا
ولا يد ولا شهيد يدعا
يقسم ما بينهما بعد القسم
وذاك حكم في التساوي ملتزم

---

(125) L'opinion de Motarref est la plus suivie.

(126) Ebn Abd Esselam explique cette décision d'une manière assez singulière. Prévoyant le cas où deux personnes, dont aucune ne possède, se disputent la propriété d'un esclave, il suppose qu'un des adversaires prouve par témoins qu'il est propriétaire de cet esclave depuis un an ; l'autre

196. Si deux témoins honorables contredisent la déclaration d'un seul témoin irréprochable, il y a deux opinions en présence :

197. Motarref se prononce pour les deux témoins (125) : Asbagh admet de préférence le témoin irréprochable, à qui le serment sera déféré.

198. Entre témoignages contraires, celui qui remonte le plus haut est préféré, quand l'objet n'est en la possession d'aucune des parties, ou même dans ce cas, selon quelques auteurs (126).

199. Mais cela ne doit être admis qu'autant qu'il est impossible de concilier les deux témoignages.

200. Quand deux personnes revendiquent à la fois un même bien que ni l'une ni l'autre ne possède et qu'elles n'ont pas de témoins,

201. on partage entre les parties la chose en litige, après leur avoir fait prêter serment. Telle est encore la règle quand il y a égalité complète

---

établit, par des témoignages de même valeur, qu'il est propriétaire depuis deux ans. Ces deux preuves, dit-il, s'annulent réciproquement pour ce qu'elles ont de commun, c'est-à-dire pour une année. Il reste donc en faveur d'une des parties une preuve qui n'est pas contredite, la preuve d'une année de propriété.

في بينات او نكول او يد
والقول قول ذي يد منفرد

وهو لمن اقام فيه البينه
وحالة الاعدل منها بينه

* باب اليمين وما يتعلق به *

في ربع دينار فاعلى تقتضا
في مسجد اليمين بالقضا

وما له بال فجيه تخرج
اليه ليلا غير من تبرج

---

(127) Nous trouvons dans ces derniers vers une répétition assez inutile de ce qui a été déjà dit au vers 149.

(128) Le dinar est une pièce d'or dont la valeur réelle n'a pas toujours été la même aux différentes époques et suivant les localités. Mais sa valeur légale est invariablement fixée et équivaut à un peu plus de treize francs de notre monnaie actuelle.

(129) Il y a, dit Ebn Omar, trois catégories de femmes : 1° Celles qui ont coutume de sortir de jour pour vaquer à

202. de témoignages, quand les deux parties refusent le serment ou que toutes deux possèdent. Si la chose litigieuse est en la possession d'un seul des adversaires, elle lui sera attribuée.

203. Mais s'il y a production de témoignages, l'objet en litige appartiendra à celui qui produit un témoignage supérieur (127).

CHAPITRE XIV

Du serment

204. Pour un quart de dinar (128) ou une somme supérieure, le serment judiciaire doit avoir lieu dans la mosquée principale.

205. Quand la somme a cette importance, la femme qui ne sort pas habituellement de jour se rendra de nuit à la mosquée (129).

---

leurs occupations. Celles-là prêteront serment le jour à la mosquée, comme le ferait un homme ; 2° Celles qui ne sortent que la nuit, et dont il est question au texte ; 3° Les femmes de haute condition, qui ne sortent ni le jour ni la nuit. Si une femme de cette classe avait à prêter serment, comme elle ne peut se rendre à la mosquée, elle jurerait en présence de deux témoins envoyés chez elle par le cadi (v. vers 182). C'est d'après les habitudes locales, suivant son rang social ou la dignité de son mari, qu'une femme est rangée dans l'une ou l'autre de ces trois catégories.

وفاتها مستقبلا يكون
من استخفت عنده اليمين

وهي وإن تعددت في العرف
على وفاق نية المستحلف

وما يقل حيث كان يحلف
فيه وبالله يكون الحلف

وبعضهم يزيد لليهود
منزل التورية للتشديد

كما يزيد فيه للتثقيل
على النصارى منزل الانجيل

وجملة الكفار يجعلونا
ايمانهم حيث يعظمونا

---

(130) La *Kibla* est l'endroit vers lequel on tourne le visage en faisant la prière. C'est le point qui, dans chaque mosquée, correspond à la direction du temple de la Mecque.

(131) La formule complète est la suivante : *Billahi elladi la Ilah illa houa :* « Par Dieu, en dehors de qui il n'est

206. Celui qui doit prêter serment le prêtera debout, le visage tourné vers la *Kibla* (130).

207. Le serment, quelle qu'en soit la nature, doit, de l'avis de tous les jurisconsultes, être formulé conformément au gré de celui qui le défère.

208. Quand il s'agit de moins d'un quart de dinar, le serment est prêté à l'endroit où se trouve celui qui jure. La formule commence ainsi : *Billahi* (131).....

209. Pour donner plus de force au serment des Juifs, certains auteurs ajoutent ces mots : *Mounzil ettouria* (132).

210. De même on ajouterait au serment des Chrétiens, afin de lui donner plus de poids, les mots : *Mounzil el indjil* (133).

211. Tous ceux qui ne sont pas musulmans prêtent serment dans l'endroit qu'ils vénèrent le plus.

---

point de divinité, » autrement dit : « Par le Dieu unique. » Cette formule est sacramentelle ; il n'y faut rien changer.

(132) C'est-à-dire : « Qui a révélé le Pentateuque. »

(133) C'est-à-dire : « Qui a révélé l'Evangile. »

وما كمثل الدم واللعان
فيه يجرى الوقت والمكان

وهى يمين تهمة او القضا
او منكر او مع شاهد رضا

وتهمة ان قويت بها تجب
يمين متهوم وليس تنقلب

٢١٥ وللتى بها القضا وجوب
فى حق من يعدم او يغيب

---

(134) En arabe le *demm* ou le *lian*. Les règles relatives à ces matières seront exposées plus loin.

(135) Une demande n'est pas suffisamment prouvée en justice : il y a seulement présomption grave qu'elle est fondée. Le défendeur, contre qui cette présomption s'élève, devra prêter serment. S'il jure, il sera indemne; sinon, il sera condamné.

(136) La personne décédée ou qui n'est pas présente peut, quand il s'agit d'une obligation, être ou le créancier ou le débiteur. Prenons la première hypothèse : les héritiers du défunt ou les représentants de l'absent poursuivent le débiteur : celui-ci prétend qu'il s'est libéré. Le serment sera

212. En certaines matières, par exemple pour la composition, l'adultère de la femme et le désaveu (134), il est plus convenable de prêter le serment dans la mosquée, au moment de la prière.

213. Il y a quatre sortes de serment : le serment déféré pour cause de présomption, celui qui est relatif à une libération prétendue, le serment de celui qui nie, enfin le serment qui accompagne la déclaration d'un seul témoin honorable.

214. La présomption, quand elle est grave, entraîne le serment de la personne contre qui elle existe : ce serment ne peut pas être référé (135).

215. Le serment relatif à une libération prétendue est nécessaire, quand l'une des personnes est morte ou n'est pas présente (136).

---

déféré aux demandeurs : ils jureront, non pas que l'obligation subsiste, mais qu'ils n'ont aucune connaissance du paiement effectué. — On peut aussi supposer le cas inverse : c'est le débiteur qui est mort ou qui n'est pas présent. Le créancier agit contre ses ayants-cause ou ses représentants : comme il pourrait se faire que le débiteur eût payé sa dette, sans que ce payement fût connu, on déférera le serment au demandeur, qui doit le prêter en ces termes : « Je jure que je n'ai pas reçu d'un tel, fils d'un tel, absent (ou décédé), quoi que ce soit de la somme qu'il a été reconnu me devoir par devant le magistrat un tel, fils d'un tel. Je n'ai fait remise gracieuse d'aucune partie de cette dette et n'ai chargé personne de la recevoir en tout ou partie. Cette somme m'est restée due jusqu'au jour du présent serment. »

ولا تعاد هذه اليمين
بعد وان مر عليها حين

واليمين ايما اعمال
فيما يكون من دعاوي المال

لا بما عد من التبرع
مالم يكن في الحال عند المدعي

---

(137) Le demandeur a prêté le serment qui lui a été déféré et a obtenu gain de cause : son adversaire a été condamné à payer. Il tarde à s'acquitter, un certain temps lui étant nécessaire pour rassembler la somme due. Le créancier pourra recevoir le payement, sans être obligé de prêter serment une seconde fois.

(138) C'est la troisième sorte de serment, dont il est question au vers 213.

(139) Voir ci-dessus les vers 128, 140, 146 et la note 86.

(140) Le demandeur en pareil cas sera toujours le prétendu donataire, c'est-à-dire celui qui soutient qu'une libéralité lui a été faite. Il suffit pour le comprendre, de se rappeler ce que nous avons dit (voir ci-dessus vers 20 à 22) de la distinction des rôles de demandeur et de défendeur en droit musulman. Le donataire prétendu est demandeur, parce que c'est lui qui affirme qu'il y a eu en sa faveur une libéralité (vers 22). De plus, les donations ne se présumant pas, on peut dire qu'il a contre lui l'*asl*, c'est-à-dire l'état habituel et normal des faits (vers 20). Ceci posé, il importe de considérer les différents cas qui peuvent se présenter en matière

216. Il n'est pas utile que ce serment soit renouvelé, même s'il s'est écoulé ensuite un long espace de temps (137).

217. Le serment de celui qui nie (138) est toujours exigé dans les questions ayant trait aux biens (139),

218. excepté quand il s'agit de libéralité, à condition que la chose ne soit pas, au moment de l'instance, entre les mains du demandeur (140).

---

de libéralité. Le débat, disent les commentateurs, peut s'engager à propos, soit d'une obligation, soit de la revendication d'un objet déterminé.

1er cas. — Il s'agit d'une obligation. Vous me poursuivez en payement d'une créance : je reconnais bien avoir été votre débiteur, mais je prétends que vous m'avez fait don du montant de la dette, autrement dit que vous m'avez libéré *animo donandi.* D'après l'opinion unanime, vous devez jurer que vous n'avez pas fait cette libéralité. Cette solution n'est pas contraire à ce qui est dit au vers 218. S'agit-il par exemple d'un prêt; sans doute l'emprunteur n'a peut-être plus en sa possession les pièces de monnaie qui lui ont été remises ; mais, comme il reconnaît avoir reçu une certaine valeur et ne l'avoir pas restituée, on peut admettre qu'il a cette valeur entre les mains, en ce sens du moins qu'il en a joui, qu'il en a tiré profit. Or, c'est bien cette valeur qui est la chose litigieuse, et non telles ou telles pièces spécialement.

2e cas. — Il s'agit de la revendication d'une chose déterminée. Cette chose peut être, soit aux mains du prétendu donateur ou d'un tiers, soit en la possession du prétendu donataire. Supposons-la aux mains du prétendu donateur. J'agis contre vous en réclamation d'un bien qui est en votre

وفي الاقالة ابن عتاب يرا

وجوبها بشبهة معتبرا

٢٢٠ وهذه اليمين حيث توجب

يسوغ قلبها وما ان تقلب

ومثبت لنفسه ومن نفا

عنها على البتات يبدي الحلف

ومثبت لغيره ذاك اقتفا

وان نفى فالنفي للعلم كفا

---

possession : j'affirme que vous m'en avez fait don, mais sans me le livrer. J'aurai à faire la preuve de ce que j'avance ; si je n'y réussis pas, je serai débouté de ma demande, sans qu'il y ait lieu de vous déférer le serment. Il en serait de même, si la chose en litige était aux mains d'un tiers.

Toutefois, dans cette double hypothèse, la solution que nous indiquons n'est pas universellement admise. Certains auteurs, comme Elbadji et Ebn Djellal, pensent qu'il faut, dans l'espèce, déférer le serment au défendeur ; il jurera qu'il n'y a pas eu donation. S'il refuse de prêter ce serment, le demandeur alors jurera que la chose lui a été donnée, et le magistrat la lui attribuera.

Supposons enfin l'objet en litige aux mains du prétendu donataire. Comment, en pareil cas, s'engagera l'instance ? Le prétendu donataire ayant la chose en son pouvoir, évidemment il ne réclame rien. Il faut donc admettre qu'on agit contre lui ; par exemple, vous revendiquez contre moi un bien que vous dites vous appartenir ; je réplique que ce

219. A propos des résiliations de contrats, le serment, d'après Ebn Attab, sera déféré, lorsqu'il y aura présomption en faveur du demandeur (141).

220. Dans les cas où l'une des parties doit prêter ce serment (142), il lui est permis de le référer à son adversaire, qui ne peut pas le lui référer à son tour.

221. Quand on affirme ou que l'on nie un fait personnel, on doit prêter serment d'une manière formelle.

222. Il en est de même, lorsqu'on affirme pour autrui. Si l'on nie un fait concernant un tiers, il suffit de déclarer qu'on l'ignore (143).

---

bien est à moi, parce que vous me l'avez donné. Il y a lieu alors de déférer le serment au revendiquant, qui doit jurer n'avoir pas fait don de la chose qu'il réclame. C'est là le cas spécialement prévu au vers 218.

(141) Deux personnes ont conclu un contrat : il n'y a pas de contestation entre elles sur ce point. Mais l'une des parties, pour s'affranchir des obligations qui lui incombent, prétend que ce contrat a été résilié. Pourvu qu'il y ait au moins une présomption à l'appui de son dire, le serment sera déféré à l'adversaire. Telle est du moins l'opinion d'Ebn Attab.

(142) C'est-à-dire la troisième sorte de serment, dont il est question au vers 213.

(143) Comp. Code civ., art. 1359 et 2275 et Code de comm., art. 189.

8

والبالغ السفيه بان حقه
يحلف مع عدل ويستحقه

وترجا اليمين حقت للقضا
لغير بالغ وحقه اقتضا

وحيث عدل للصغير شهدا
بحقه وخصمه قد جحدا

يحلف منكر وحق وقفا
الى مصير خصمه مكلفا

وحيث يبدى المنكر النكولا
بلغ محجور به المامولا

والبكر مع شاهدها تحلف
وفي ادعاء الوطى ايضا تحلف

---

(144) L'auteur passe ici à la quatrième sorte de serment, qu'il a précédemment mentionnée, c'est-à-dire le serment qui accompagne la déclaration d'un seul témoin honorable.

(145) A plus forte raison, le pubère, pleinement capable, c'est-à-dire celui qui a été émancipé. S'il n'en est pas question au texte, c'est qu'il ne peut y avoir sur ce point aucune difficulté.

223. Le (144) pubère incapable (145), dont le droit est prouvé par la déposition d'un seul témoin honorable, gagne sa cause, s'il prête serment.

224. A l'égard d'un impubère, le serment relatif à une libération prétendue est ajourné jusqu'au jour de sa puberté, mais un jugement est immédiatement rendu en sa faveur (146).

225. Lorsqu'un seul témoin honorable a déposé en faveur d'un impubère et qu'il y a dénégation de l'adversaire,

226. le serment est déféré à ce dernier ; s'il jure, l'objet en litige est mis en séquestre jusqu'à ce que l'impubère arrive à l'âge de puberté.

227. Si l'adversaire qui nie refuse de prêter serment, l'impubère par ce seul fait obtient gain de cause.

228. Le serment est déféré à la jeune fille en faveur de qui dépose un seul témoin (147). Il en est de même, s'il y a débat sur le fait de la cohabitation entre époux (148).

---

(146) Ce vers viendrait mieux à son rang, s'il était placé après le vers 216, où il est traité de la seconde espèce de serment.

(147) Nous avons vu qu'il faut distinguer quatre sortes de serment. L'auteur, dans les vers 223 et suivants, examine à qui, suivant les cas, ces serments peuvent être déférés. Or, la personne qui doit jurer peut être ou une personne pubère,

وفي سوى المشهور يحلف الاب
عن ابنه وحلف الابن مذهب

jouissant de tous ses droits, ou bien une personne pubère incapable, ou enfin un impubère.

1° Pubère ayant toute sa capacité. Il pourra prêter les quatre espèces de serments énumérés au vers 213;

2° Pubère incapable. Il faut ranger dans cette catégorie celui qui n'a pas été émancipé, l'interdit, la fille pubère ou la femme (vers 228), et aussi les esclaves, dont le texte ne parle pas, mais à qui sont applicables les règles concernant l'interdit. Il n'y a jamais lieu de déférer à ces personnes ni la première ni la troisième espèce de serment, c'est-à-dire le serment pour cause de présomption et le serment de celui qui nie. Il en est différemment du serment de la quatrième espèce, c'est-à-dire que si un seul témoin honorable a déposé en leur faveur, elles seront admises à compléter par leur serment ce commencement de preuve (vers 223 et 228) Quant au serment relatif à une libération prétendue, il y a controverse sur le point de savoir si l'on doit le déférer à un pubère incapable, ou si l'on doit attendre, comme pour l'impubère, que l'incapacité ait cessé. La première opinion est préférable (voir vers 224) :

3° Impubère. Les serments de la première et de la troisième espèce ne sont jamais prêtés par l'impubère pas plus que par la personne pubère incapable. Pour la quatrième sorte de serment, la règle à suivre est assez nettement indiquée dans les vers 225 à 227. L'impubère en cause a-t-il produit un seul témoin honorable qui dépose en sa faveur, l'adversaire, s'il conteste, doit jurer que l'impubère n'a pas le droit qu'il réclame. Faute par lui de le faire, l'impubère obtiendrait immédiatement gain de cause, sans avoir à prêter aucun serment, ni sur-le-champ, au moment de l'instance, ni plus tard quand il aura atteint l'âge de puberté. L'adversaire, au contraire, a-t-il juré, la chose en litige reste entre ses mains ou est mise en séquestre jusqu'à ce que l'impubère soit arrivé à la puberté. Le cadi rédige un acte

229\. On n'admet pas généralement que le père jure aux lieu et place de son fils. Quant au serment du fils jurant à la place de son père, il est accepté par quelques auteurs (149).

---

attestant qu'un témoignage a été produit devant lui en faveur de l'impubère. Quand plus tard celui-ci sera devenu pubère, s'il prête serment sur l'existence de son droit, il obtiendra gain de cause; sinon, il sera débouté.

Reste le serment relatif à une libération prétendue. Voici le cas : un impubère invoque un droit de créance contre une personne morte ou non présente : les héritiers ou les représentants du débiteur prétendent que la dette a été acquittée. L'impubère agissant en justice, il sera immédiatement fait droit à sa demande, sans qu'on lui défère le serment : ce serment est ajourné jusqu'au moment où il sera capable. Mais ce n'est là qu'un jugement provisoire : ce jugement ne deviendra définitif que si le demandeur, au jour de sa puberté, jure qu'il est bien créancier. S'il refuse de prêter serment, il devra restituer ce qu'il a reçu de l'adversaire (vers 224).

En résumé, on voit que le serment, quelle qu'en soit la nature, n'est jamais prêté par un impubère. Ce serment d'un incapable n'aurait aucune valeur juridique, pas plus que n'en aurait un aveu émanant de lui. C'est, en effet, un principe qu'il faut connaître, que le serment n'est déféré dans une affaire que si elle est de celles dans lesquelles l'aveu de l'une des parties profiterait à la partie adverse.

(148) Nous venons de voir dans la note précédente que, si une femme ou une fille pubère a, pour prouver un droit, fait comparaître un seul témoin honorable, elle peut, comme tout pubère incapable, compléter par son serment le commencement de preuve qu'elle a fourni. Or on se rappelle (voir vers 148, notes 87 et 88), qu'il existe certains faits considérés comme l'équivalent d'un témoignage. Telle est l'إرخاء ستر, la chute du rideau. C'est à ce cas que fait allusion la fin du vers 228. Après la cérémonie du mariage, les époux ont été laissés seuls dans la tente, et le rideau a été abaissé.

L'homme prétend que la femme ne s'est pas livrée à lui ; celle-ci soutient le contraire. Dans ce fait de la chute du rideau, il y a en sa faveur un commencement de preuve, qui équivaut à un témoignage. Aussi, le serment lui sera-t-il déféré ; si elle jure, elle aura gain de cause et aura droit à une dot complète.

(149) Il faut, pour comprendre comment ce vers se rattache à ce qui précède, se reporter au cas où l'une des parties en cause est un impubère. Cet impubère, avons-nous dit, ne peut prêter serment tant qu'il n'a pas atteint l'âge de puberté. Mais, si c'est un fils de famille, ne pourrait-on pas déférer le serment à son père, qui serait ainsi son représentant ? Quelques auteurs admettent cette idée, mais ils sont peu nombreux ; la plupart pensent avec raison que le serment doit être éminemment personnel. Si l'impubère était en tutelle, Ebn Roch dit que le serment du tuteur aux lieu et place du pupille n'est pas plus acceptable que le serment du père jurant à la place de son fils. Il ne se rallie à l'opinion contraire que dans le cas de communauté d'intérêts, c'est-à-dire si l'affaire intéressait à la fois le tuteur et le pupille ou le père de famille et le fils impubère.